Os Direitos do Nascituro
Aspectos Cíveis, Criminais e do Biodireito

Os Direitos do Nascituro

Aspectos Civis, Criminais e do Biodireito

Sérgio Abdalla Semião

Juiz de Direito TJMG
Doutor em Direito pela UFMG
Mestre em Direito pela Faculdade de Direito Milton Campos
Bacharel em Administração de Empresas pela FACE-FUMEC

Os Direitos do Nascituro

Aspectos Cíveis, Criminais e do Biodireito

3ª Edição
Revista, Atualizada e Ampliada

Belo Horizonte
2015

Copyright © 2015 Editora Del Rey Ltda.

Nenhuma parte deste livro poderá ser reproduzida, sejam quais forem os meios empregados, sem a permissão, por escrito, da Editora.
Impresso no Brasil | Printed in Brazil

EDITORA DEL REY LTDA.
www.livrariadelrey.com.br

Editor: Arnaldo Oliveira

Editor Adjunto: Ricardo A. Malheiros Fiuza

Editora Assistente: Waneska Diniz

Coordenação Editorial: Wendell Campos Borges

Projeto Gráfico: Dilex Editoração Ltda.

Editoração: Dilex Editoração Ltda.

Revisão: Alessandra Valadares

Capa: CYB Comunicações

Editora Del Rey
Rua dos Goitacazes, 71 – Sala 709-C – Centro
Belo Horizonte – MG – CEP 30190-050
Tel: (31) 3284-5845
editora@delreyonline.com.br

Conselho Editorial:
Alice de Souza Birchal
Antônio Augusto Cançado Trindade
Antonio Augusto Junho Anastasia
Aroldo Plínio Gonçalves
Carlos Alberto Penna R. de Carvalho
Celso de Magalhães Pinto
Dalmar Pimenta
Edelberto Augusto Gomes Lima
Edésio Fernandes
Felipe Martins Pinto
Fernando Gonzaga Jayme
Hermes Vilchez Guerrero
José Adércio Leite Sampaio
José Edgard Penna Amorim Pereira
Luiz Guilherme da Costa Wagner Junior
Misabel Abreu Machado Derzi
Plínio Salgado
Rénan Kfuri Lopes
Rodrigo da Cunha Pereira
Sérgio Lellis Santiago

S471d

Semião, Sérgio Abdalla

Os direitos do nascituro: aspectos cíveis, criminais e do biodireito. / Sérgio Abdalla Semião. 3. ed. rev. atual. e ampl. Belo Horizonte: Del Rey, 2015.

xviii + 214 p.

ISBN: 978-85-384-0420-0

1. Nascituro, Brasil. 2. Aborto, Brasil. 3. Bioética, Brasil. 4. Genética humana, Brasil. I. Título.

CDU: 347.641(81)

Nilcéia Lage de Medeiros
Bibliotecária
CRB6: 1545

Ao meu saudoso pai, José Semião, pelo exemplo legado nas ciências jurídicas, na vida intelectual, moral e empresarial.
À minha mãe, Zita, incansável incentivadora dos meus estudos. À minha estimada esposa, Fátima, pelo estímulo constante.
E à minha amada filha Júlia

Sumário

CAPÍTULO I – O DIREITO SUBJETIVO E SEU SUJEITO.......1

1. Introdução 1
2. O sujeito como fator imprescindível do direito subjetivo.....3
3. O princípio da igualdade das pessoas no direito constitucional...6
4. O homem como sujeito concentrador dos direitos subjetivos...9

CAPÍTULO II – A EVOLUÇÃO CONTROVERTIDA DA NATUREZA JURÍDICA DO NASCITURO...................................13

1. As escolas doutrinárias quanto ao início da personalidade civil do homem 13
1.1 A doutrina da escola concepcionista 15
1.2 A doutrina da escola natalista 20
2. O nascituro no Direito Romano 25
3. O nascituro no direito comparado..29
4. As religiões e o nascituro...36

VII

5. O nascituro na história do direito brasileiro 41

6. A personalidade civil, a literatura e as ficções jurídicas 44

CAPÍTULO III – O NASCITURO NO DIREITO CIVIL BRASILEIRO 47

1. O artigo 2.º do Código Civil Brasileiro 47

2. Os direitos dos pais de reconhecerem a paternidade do filho nascituro 58

3. Legitimação do filho nascituro pelo casamento dos pais derrogada pelo Código Civil de 2002 61

4. O nascituro e a adoção 62

5. O nascituro e o poder familiar 63

6. A curatela do nascituro 65

7. O direito de receber doações 72

8. A capacidade do nascituro de adquirir por testamento 74

9. Os frutos e produtos dos bens do nascituro 80

CAPÍTULO IV – O NASCITURO PERANTE OUTRAS DISCIPLINAS DO DIREITO BRASILEIRO 83

1. O nascituro no direito constitucional 83

  1.1 A Lei de Biossegurança e a ADIn n. 3.510-0 julgada pelo STF 91

2. O nascituro no direito processual civil 97

3. O nascituro no direito tributário 103

4. O nascituro no direito administrativo 106

5. O nascituro no direito do trabalho 110

6. O nascituro no STF 112

CAPÍTULO V – O NASCITURO NO DIREITO PENAL 123

1. O conceito de aborto 123
2. O aborto na história 125
3. O aborto no direito brasileiro atual 126
4. O aborto sob o conceito da escola natalista 132
5. A legalização do aborto sob o conceito da escola natalista 133

CAPÍTULO VI – A EXISTÊNCIA JURÍDICA DA PESSOA NATURAL COMO CONSEQUÊNCIA DO NASCIMENTO COM VIDA 137

1. O nascimento da pessoa natural 137
2. A verificação e a prova da vida extrauterina 142

CAPÍTULO VII – O NASCITURO, A BIOGENÉTICA E O BIODIREITO 147

1. Breve relato do desenvolvimento científico e social da biogenética 147
2. Algumas questões da biogenética em relação ao nascituro 152
3. As escolas concepcionista e natalista na procriação humana assistida 155
4. A destruição do embrião congelado 159
5. A comercialização de embriões 164
6. A doação de embriões 166
7. A posse em nome do nascituro procriado artificialmente 171
8. A filiação e relações de parentesco 174
9. O direito das sucessões dos embriões criopreservados 176

9.1. O testamento a favor de prole eventual e o embrião procriado arti icialmente...179

CAPÍTULO VIII – O NASCITURO NA CONJUNTURA DO ORDENAMENTO JURÍDICO BRASILEIRO.........................183

1. O tema abordado e o anteprojeto de reforma do código penal...183
2. O sentido prático das doutrinas natalista e concepcionista...185
3. O nascituro sob a ótica da interpretação sistemática do direito brasileiro...189
4 O tema em face da nova interpretação constitucional do direito brasileiro...196

Bibliografia...202

Prefácio à 1ª Edição

Honrou-me até a emoção o convite do Dr. *Sérgio Abdalla Semião* para apresentar o seu primeiro livro, este profundo e espicaçante "Os Direitos do Nascituro". Honra, em primeiro lugar, porque é obra de um dos melhores e mais dignos magistrados deste País; e é honra que cresce porque o autor é meu conterrâneo de Ponte Nova, berço das mais vetustas tradições jurídicas deste Estado.

Conheci o Dr. *Sérgio Semião* em Ponte Nova, nos idos de 1983, muito antes de ser honrado com o *status* de cidadão honorário de sua terra, quando ainda exercia, ali, as funções de Juiz de Direito – ele um jovem advogado. Sempre tive ótimas referências de sua vida profissional, até que, em novembro de 1990, aprovado em disputado concurso para Juiz de Direito, veio, para gáudio meu, a tornar-se colega de magistratura, iniciando sua carreira em Governador Valadares e, daí, continuando-a em Matozinhos, Sabinópolis e na drummondiana Itabira, onde permanece até esta data.

A obra, abordando assunto altamente especializado, recomenda-se pela profundidade da pesquisa e pela coragem de suas conclusões. O Dr. *Sérgio Semião* repensa e examina conceitos, de modo radical, e, após expor as principais teses a respeito do tema, extrai as suas próprias conclusões, à luz do exame minucioso de moderna e atualizada doutrina e jurisprudência.

O exame parte do conceito de sujeito de direito – o homem como sujeito concentrador de direitos subjetivos – para, em seguida, fixar o início da personalidade civil do homem; examina-se o ângulo jurídico – este é o objetivo do livro – mas não se furta o autor à análise do pensamento de filósofos e de reconhecidos pensadores nacionais e estrangeiros, com abordagem percuciente e extremamente clara da doutrina da "escola concepcionista" e da "escola natalista", bases de toda concepção acerca dos direitos do nascituro. Discorre sobre o nascituro no Direito Romano, no Direito Comparado, aborda a visão religiosa do problema, com ênfase especial para o nascituro na história do direito no Brasil.

No exame do Direito Brasileiro, o autor é preciso e profícuo: guiado pelas disposições do Código Civil, faz sistemática interpretação da legislação e da melhor doutrina nacional sobre o assunto. Passa, em seguida, a abordar questões concretas e polêmicas – todas altamente relevantes, do ponto de vista prático – tais como o direito do pai ao reconhecimento da paternidade do nascituro, a legitimação do filho nascituro pelo casamento dos pais, o nascituro e a adoção, o nascituro e o pátrio poder, a curatela do nascituro, o direito de receber doações, a sua capacidade para adquirir por testamento, além dos frutos e produtos dos seus próprios bens.

Questiona, mais, o autor, sobre os direitos do nascituro em face do direito constitucional (o nascituro tem nacionalidade?), do direito processual civil (o nascituro tem capacidade processual?), do direito tributário (a incidência dos tributos de bens do nascituro), do direito administrativo (a desapropriação de bens do nascituro) e até mesmo do direito do trabalho (a estabilidade provisória da gestante é um direito do nascituro?).

Capítulo especial é dedicado ao direito penal, onde a controvérsia é, além de complexa, extremamente atual, principalmente quanto ao aborto. Aqui, o autor, depois de examinar a história do aborto desde o Código de Hamurabi, discorre sobre o Direito Brasileiro atual e responde, examinando os argumentos de cada escola (natalista e concepcionista), a questões controvertidas: é lícito o aborto eugênico? E o aborto sentimental, terapêutico ou humanitário? O aborto, à luz da ciência jurídica é ou não um crime?

Nos capítulos finais, o autor expõe, com a coragem e a segurança de quem conhece profundamente a questão, as suas conclusões sobre temas polêmicos e inéditos: a revolução sexual, a biogenética (o DNA), a fertilização *in vitro*, o "bebê de proveta", até as questões mais atuais, como a patente de seres vivos, a mãe substituta (*surrogacy*), a clonagem, a experimentação com embriões humanos, a criação de seres híbridos (deve ser considerado pessoa o ser híbrido, ou seja, teria personalidade civil o ente concebido pela fusão de gametas de um ser humano e de um animal?), as biotecnologias, as manipulações genéticas, o horripilante eugenismo, etc. A procriação humana assistida, diz o autor, "perturba valores, crenças e representações que se julgavam intocáveis. Ela divorcia a sexualidade da reprodução, a concepção da filiação, a filiação biológica dos laços afetivos e educativos, a mãe biológica da mãe substituta".

A realidade, hoje, é extremamente rica; rica e instigante: qual a situação jurídica do embrião fertilizado *in vitro*? Esse embrião, congelado, é uma pessoa? Esse embrião é um nascituro? Pode ser destruído? Se os pais morrem, o embrião congelado, sob a condição de nascer, é seu herdeiro?

Essas questões, muitas só imagináveis até então na ficção científica, estão postas e são atuais. O autor assume posições, de forma corajosa, seja sobre a destruição de embriões, seja sobre a sua comercialização ou doação – e até mesmo a sua utilização para fins que não sejam a de procriação humana.

A guerra, enfim, é entre o direito e a bioética: quais os limites da atuação da ciência na "feitura" biológica do ser humano? Qual o papel, nessa discussão, do direito natural? Se for possível, um dia, transplantar cérebros, teremos um transplante, não de órgãos, mas da própria pessoa? Aqui, eu acho, entra Deus. E começa tudo outra vez...

Vamos ler o livro. E rezar... Nesse sentido, o Dr. *Sérgio Semião*, além de jurista, é apóstolo. O seu livro, no fundo, serve ao profissional do direito, mas convida ao sentimento filosófico, ético, e, por que não?, religioso...

Wander Marotta
Então Juiz do Tribunal de Alçada de Minas Gerais e hoje
Desembargador do TJMG

Prefácio à 2ª Edição

Às vésperas do terceiro milênio e em muito boa hora, vem a lume a segunda edição da obra com a qual o Magistrado *Sérgio Abdalla Semião* se tornou conhecido na literatura jurídica brasileira: Os Direitos do Nascituro – aspectos cíveis, criminais e do biodireito.

As rápidas transformações que a Ciência vem experimentando, nestes últimos tempos, não poderiam deixar de afetar a Família e como exemplo mais evidente deste fato podem ser citadas as inovações que a engenharia genética trouxe para as relações de parentesco, não apenas conferindo um elevadíssimo grau de certeza à prova pericial realizada para se buscar a determinação da paternidade, como também, para permitir a quebra da presunção da filiação verificada na constância do casamento.

Relevância oferece, neste campo, o estudo das novas técnicas que visam à procriação, pois, se de um lado se apresenta o viés de natureza científica, de outro se colocam os princípios jurídicos que, conferindo proteção ao nascituro desde a sua concepção (art. 4.º do Código Civil), garantem, dentre outros, o direito à vida.

Os novos fenômenos, que trazem reflexos éticos, filosóficos, religiosos, exigem uma releitura da legislação vigente, para dela se extrair, com base no texto constitucional, a harmonização entre o fato e a norma, na busca da proteção mais ampla que se possa assegurar à pessoa humana.

Neste contexto, o Autor trabalha com os direitos do nascituro numa linha humanística de pensamento que, se não pode deixar de lado o contexto de natureza científica, pode, induvidosamente, caminhar pela senda que assegure ao novo Ser sua integridade bio-psíquica e sua inserção na Família, não apenas como um novo titular de direitos, mas como uma Pessoa integral, para a qual as relações futuras deverão ser estabelecidas, também, com fundamento na afetividade construída no comportamento cotidiano, para solidificar as bases do relacionamento familiar e permitir a todos caminhar em busca da felicidade.

Agradeço ao Dr. *Sérgio Abdalla Semião*, mestrando na Faculdade de Direito Milton Campos, a oportunidade de tecer estes breves comentários sobre sua obra em reedição, cumprimentando-o pela objetividade e cientificidade de seu texto, que se tornou leitura obrigatória para os operadores do Direito de Família.

Professora *Lucia Massara*
Diretora da Faculdade de Direito Milton Campos
em Belo Horizonte.
Professora de Direito Civil da Faculdade de Direito
da Universidade Federal de Minas Gerais.

Nota do Autor à Terceira Edição

Desde a primeira edição, este livro em sua gênese, teve por fim, tratar precipuamente, sobre o início da personalidade civil das pessoas naturais no Direito Brasileiro, *tout court*. A inquietação em relação ao assunto veio a lume com o advento do memorável RE 99.038.1 - MG - 2ª T., do STF de 18.10.1983, publicado no *DJU* de 05.10.1984, que tratou sobre *direitos do nascituro* como tema central, cuja ementa foi a seguinte:

Nascituro-Proteção de seus direitos, na verdade proteção de expectativa, que se tornará direito, se ele nascer vivo. Venda feita pelos pais à irmã do nascituro. As hipóteses do Código Civil relativas a direito do nascituro, são exaustivas, não os equiparando em tudo ao já nascido.

Óbvio que um acórdão desta magnitude trouxe uma enorme efervescência no espírito de um jovem professor e operador do direito, uma vez que esse assunto, por si só, já trazia grandes discussões acadêmicas, sem qualquer pacificação.

Acontece, que já naquela época, a biogenética, já havia se tornado uma ciência profícua em relação a fertilização *in vitro*, ou FIV.

Por esse motivo, o livro acabou tomando contornos mais extensos do que suas pretensões iniciais.

Destarte, a presente obra, fugiu do inicialmente planejado, tendo praticamente se dividido em duas partes, a primeira observando apenas o que se discutia na época, isto é, o inicio da personalidade civil da pessoa natural; a segunda, considerando a ciência natural biogenética que se iniciava na época, atingindo de chofre a Ciência do Direito relacionada ao mesmo objeto estudado.

Com o passar dos anos, observamos que o assunto atingiu áreas bem mais passionais do que pensávamos na época da primeira edição, principalmente, os sentimentos religiosos e a ciência médica.

Entretanto, com esta nota à terceira edição, pretende-se esclarecer, que o nosso enfoque no livro é predominantemente jurídico, visando apenas e tão só, o Direito Positivo brasileiro, com todos os seus princípios constitucionais e infraconstitucionais, ou seja, o que consta de nossa legislação, e de sua exegese mais recente, principalmente com a fundamentação da ADI 30510-0 DF, e da ADPF nº 54, Interrupção da Gestação do Feto Anencéfalo, julgadas pelo STF e interpretadas tendo em vista o art. 102, II, § 2º da Constituição Federal, cujos motivos determinantes para suas decisões também têm efeito vinculante. É o que se conhece no Direito norte-americano como *ratio decidendi*.

Por conseguinte, o fito desta nota é levar o leitor a considerar que, desde a primeira edição, jamais se teve em mira quaisquer aspectos médico-biológicos ou religiosos para a fundamentação sobre o inicio da personalidade civil da pessoa natural em nosso país. Por esse motivo, a obra sempre se baseou na legislação brasileira em vigor tão só, inclusive, sobrepondo as modernas formas de interpretações constitucionais perante o direito privado, das quais não se olvidou nesta terceira edição.

Capítulo I

O direito subjetivo e seu sujeito

1. INTRODUÇÃO

A evolução dos estudos jurídicos e a crescente necessidade de complementá-los com contribuições de outras ciências humanas, levam a um novo tratamento dos institutos jurídicos tradicionais que singularizam o Direito Civil, entre os quais os direitos da pessoa, notadamente os direitos da pessoa por nascer, ou seja, do nascituro.

A quem quer que tenha por escopo estudar o fenômeno jurídico em suas diversas manifestações, chegará a uma conclusão significativa, de que o Direito é um acontecimento comezinho na vida do homem.

Os Direitos do Nascituro, como assunto doutrinário, nada tem de novo no estudo do Direito, não obstante sua evidente atualidade sob vários aspectos. Por isso, a base de qualquer trabalho a respeito deverá arrimar-se em conceitos originais, sugados da jurisprudência e de obras de diversos juristas patrícios e estrangeiros.

O que foi inserido neste trabalho, não obstante seja matéria tratada em algumas obras de juristas nacionais e alienígenas, são conceitos repensados em conformidade com a atual tendência doutrinária e jurisprudencial, a que se procurou dar cunho original e eminentemente pessoal.

Em seu objeto, esta obra enfoca as seguintes questões:

a) Perante o Direito Brasileiro, que situação jurídica tem o nascituro?

b) É ele considerado pessoa no sentido jurídico do termo ou não?

c) A personalidade civil do homem começa do nascimento ou da concepção?

d) Perante a moderna ciência da biogenética, qual a situação do nascituro?

A questão fustiga a imaginação, pois, obrigatoriamente, leva à perquirição da própria existência do Direito, porque, ao se pensar a situação jurídica do nascituro, há que se meditar outrossim, sobre a personalidade civil e, consequentemente, sobre a pessoa diante do Direito, ou seja, sobre o próprio sujeito dos direitos.

O assunto conduz a perplexidades intrincadas e não obstante sejam inúmeros os seus reflexos sob o aspecto prático, à primeira vista, pode parecer um debate improlífero.

A importância temática em debate é patente, a uma, pelo interesse doutrinário da matéria; a duas, pelo caráter científico e prático do Direito; e a três, pela sua atualidade diante das discussões a respeito de questões como o aborto e a fertilização *in vitro*, que, em um plano mais transcendente, traz grande complexidade em seu aspecto jurídico.

De tudo isso, infere-se a enorme importância e atualidade do assunto, que deverá ser abordado, dando-se ênfase preliminar, ao sujeito dos direitos como centro da esfera do universo jurídico e, a seguir, à sua cognição em referência ao nascituro.

Nesse diapasão, na apreciação que se fará durante o desenvolvimento desta obra, impõe-se examinar, preambularmente, o conceito de pessoa como sujeito de direitos e de suas relações no ordenamento jurídico.

O estudo do Direito deve começar pelas pessoas, porque não é possível conhecê-lo sem conhecer estas.

2. O SUJEITO COMO FATOR IMPRESCINDÍVEL DO DIREITO SUBJETIVO

Apresenta-se o direito subjetivo, no seu conceito exato, em todas as modalidades por que se observe, como uma relação que, na sociedade juridicamente organizada, se estabelece, por um fato jurídico entre o sujeito e um bem da vida (objeto).[1]

Assim, fixado esse conceito, logo se verifica que o sujeito toma corpo como elemento de presença constante e invariável, entre os que compõem o direito subjetivo.[2]

Ihenrig proclamou que em todo o direito, o que se faz mister considerar, em primeiro lugar, é o sujeito.

Por sua vez, *Kelsen* alinhou considerações no sentido de que ao conceito de direito subjetivo corresponde o de sujeito de direito. O sujeito constitui-se pela necessidade de representar um titu-

---

[1] ESPINOLA, Eduardo; ESPINOLA FILHO, Eduardo. *Tratado de direito civil brasileiro*. Rio de Janeiro: Freitas Bastos, 1939, v. X, p. 41.

[2] Assinalam, com grande propriedade, PLANIOL e RIPERT (*Traité pratique de droit civil français*, v. 1. Les personnes – état et capacité), com o concurso de *Renê Savatier* (1925, p. 6), que "l'dée de personalité qui est nécessaire pour donner un support aux droites et obligations, devient dès, lors inutile dans les thóries qui contestent léxistence de droits et de devoirs subjectivs entre individus". *Apud* ESPINOLA, Eduardo; ESPINOLA FILHO, Eduardo. Op. cit., p. 42, nota 2-B.

lar dos direitos subjetivos e dos deveres jurídicos. Tem que haver algo que possua direitos subjetivos.

A teoria do sujeito do direito, no dizer de Demogue, citado por Espinola,[3] é de uma importância incontestável, pois se trata de uma das bases da técnica jurídica, tendo a ciência construído todo o seu sistema de regras sob o conceito da personalidade civil, analisadas em todas as relações sociais, e, ligados todos esses direitos a pessoas, como sujeitos.

Destarte, há de se acentuar que o conceito do sujeito de direito, assim como o conceito do direito subjetivo, têm uma nítida correspondência nas manifestações da vida jurídica, apresentando-se como uma necessidade para um bom e fiel entendimento do fenômeno jurídico.

Consolidado está que os sujeitos do direito e titulares das relações jurídicas são as pessoas. Da mesma forma, não há direito sem sujeito.

Pessoa é palavra cognata do vocábulo *personalidade*, ambas tendo como étimo o vocábulo latino *persona*, que certos pesquisadores afirmam ter como significado original "máscara", que em Roma servia para melhor ressoar a voz dos artistas nos teatros das urbes imperiais. No entanto, certos renomados juristas tedescos asseveram uma origem etrusca mais remota, invocando ainda uma possível raiz grega. É certo, porém, que com tais sentidos não se manteve e, hoje, a palavra derivada pessoa tem outro significado.

Atualmente, na concepção filosófica, pessoa é o ser humano no seu aspecto racional, dotado de ação por meio da vontade. É o indivíduo racional capaz de querer. Entretanto, na acepção jurídica, pessoa designa todo o ser capaz de ter direitos e obrigações. É o sujeito de direitos, no que difere da coisa, tida sempre como o objeto de uma relação jurídica.

Já a personalidade é a suscetibilidade que toda pessoa tem para ser sujeito de direitos e obrigações. Assim, a personalidade

---

[3] ESPINOLA, Eduardo; ESPINOLA FILHO, Eduardo. Op. cit., p. 46.

jurídica, tecnicamente, é a qualidade da pessoa como sujeito de direitos, ou seja, é a aptidão de ser sujeito de direitos e obrigações.

O estado de pessoa tem início com o nascimento, encerrando-se com a morte. A personalidade, pois, existe no interregno entre esses dois momentos.

De outra forma, no Direito, há duas espécies de pessoas: as pessoas naturais, pessoas físicas, de existência visível, isto é, o ser humano com vida; e as pessoas coletivas, comumente denominadas pessoas jurídicas, ou seja, entidades a que se atribuí a personalidade, para uma melhor satisfação dos interesses humanos coletivos.[4] Portanto, as pessoas podem ser naturais ou jurídicas. Estas não nos interessam neste trabalho, razão pela qual não nos estenderemos com maiores considerações a respeito. Assim, tem-se que pessoa natural é o homem e todo homem é capaz de direitos e obrigações na ordem civil.[5]

Como se vê, os conceitos jurídico e o filosófico de pessoa não se confundem, uma vez que o primeiro é mais amplo do que o segundo.

Outrossim, há ainda o conceito biológico de pessoa, considerada no senso comum, que difere completamente do conceito jurídico-científico do Direito. A diferença entre o conceito jurídico e o biológico de pessoa serão explicitadas ulteriormente.

Para o estudo que se propõe, o vocábulo *pessoa* no mundo jurídico apresenta duas acepções:

a) considerando o ser humano individualmente, ou seja, a pessoa natural ou pessoa física; b) abrangendo os indivíduos em agrupamentos, configurando a pessoa jurídica ou pessoa moral, denominação essa usada pelo direito francês, firmando o seu conceito como ficção jurídica.

O presente trabalho, como dito, visa apenas a pessoa natural, principalmente a partir de sua concepção e enquanto não nascida.

---

[4] ESPINOLA, Eduardo, ESPINOLA FILHO, Eduardo. Op. cit., p. 302-303.

[5] Art. 2.º do Código Civil brasileiro.

Visto isso, o conceito de direito subjetivo, como poder de ação que é, pressupõe a existência de um sujeito fixado como o beneficiário do direito, inconfundível, assim, com o objeto, porquanto não é admissível direito sem sujeito.

O direito subjetivo que estabelece uma relação entre o sujeito e o objeto, somente se complementa por meio de um acontecimento capaz de fazer surgi-lo, constituindo, então, o fato jurídico e sua respectiva relação jurídica.

Observa-se, por conseguinte, que para emergir a relação jurídica aparecem três pressupostos: o sujeito, o objeto e o fato jurídico, formando um triângulo que compreende toda a matéria da Parte Geral do Direito Civil.[6]

Dessarte, a personalidade civil constitui matéria da maior relevância, por ser a matriz de todos os direitos privados. Para ela converge toda a ordem jurídica ao regular os direitos e as obrigações do homem na vida social. O orbe romano percebera tal significação, como Justiniano deixou transparecer (*Corpus Iuris*).[7]

O inesquecível mestre *Clóvis Bevilácqua* definiu a personalidade como "a aptidão reconhecida pela ordem jurídica a alguém, para exercer direitos e contrair obrigações".

De todo o exposto, infere-se que não pode haver direito subjetivo sem o respectivo sujeito e que os sujeitos de direitos são as pessoas.

3. O PRINCÍPIO DA IGUALDADE DAS PESSOAS NO DIREITO CONSTITUCIONAL

O princípio da igualdade das pessoas se tornou um verdadeiro postulado no Brasil Republicano, como afirma *Eduardo Espínola*.

---

[6] No mesmo sentido, SANTA MARIA, José Serpa de. *Direitos da personalidade e a sistemática civil geral*. São Paulo: Julex, 1987, p. 19.

[7] SANTA MARIA, José Serpa de. Op. cit., p. 21.

Desde a Constituição da República de 1891, o postulado da igualdade fora erigido a instituto constitucional. O § 2.º do artigo 72, da primeira Constituição da República, determinava que todos são iguais perante a lei.

Todas as demais constituições brasileiras mantiveram o mesmo postulado e a Constituição de 5 de outubro de 1988, inicia os dizeres do art. 5.º com esse preceito, ou seja, todos são iguais perante a lei, sem distinção de qualquer natureza.

Sob a dicção do art. 3.º da atual Constituição Brasileira, em seu inciso IV, constituem objetivos fundamentais da República, entre outros, promover o bem de todos, sem preconceitos de origem, raça, sexo, cor, idade e quaisquer outras formas de discriminação.

Destarte, a Constituição assegura os mesmos direitos para todas as pessoas, bem como os necessários recursos para garanti-los de forma equânime para todos.

Não há, perante a Constituição, diferenças entre pessoas dos sexos masculino ou feminino, ricos ou pobres, idosos ou jovens. Portanto, é proibida a desigualdade no tratamento jurídico entre os indivíduos, salvo devido a algumas qualidades especiais. Assim, feita essa ressalva, entenda-se que a igualdade como postulado não é absoluta, às raias da cegueira, devendo respeitar a correspondência da paridade de direitos com a paridade de condições das pessoas na sociedade, devido a certas peculiaridades, como, por exemplo, a capacidade de exercício dos direitos.

É que, no exercício da capacidade de agir, os seres humanos individualmente sofrem a influência do seu estado. Por exemplo, o estado de maior ou de menor de idade; de nascido ou de nascituro. Sendo que sob o título em epígrafe é esse o ponto que interessa a este trabalho.

Refere-se à capacidade de fato, à capacidade que a pessoa maior de idade geralmente tem de, por si mesma, exercer seus direitos.

A capacidade de fato das pessoas tem graus: em um primeiro estágio, até os 16 anos de idade, o homem é absolutamente incapaz de exercer seus direitos por si próprio. Necessita ele de um representante. Dos 16 aos 18 anos de idade, é o homem relativamente incapaz para exercer seus próprios direitos e, para tal, necessita de um assistente.

Sob esse tema, necessário se faz registrar que em nossa legislação o nascituro não está elencado como incapaz, nem como capaz. Pode-se dizer que sequer tem idade.

Segundo o art. 5.º *caput* do Código Civil Brasileiro, aos 18 anos completos acaba a menoridade, ficando habilitado o indivíduo para todos os atos da vida civil.

A capacidade de agir por si próprio, do homem maior de 18 anos de idade, é a regra por presunção legal, excluídas algumas exceções, como a incapacidade pela deficiência mental, a ausência declarada pelo juiz, os surdos-mudos que não puderem exprimir a sua vontade, os pródigos e os ébrios habituais.

Isso expendido, é correto afirmar que a capacidade de fato só é adquirida plenamente pela pessoa natural, ordinariamente, depois dos 18 anos de idade completos, salvo as exceções expressas em lei.

É certo, como dito, que existem outros fatos e situações em que o homem é incapaz, mesmo sendo maior de 18 anos de idade, bem como também existem outras formas de adquirir a capacidade, declinadas também no art. 5.º citado, que no momento não nos interessam, mas a regra é que após os 18 anos é o homem absolutamente capaz para os atos da vida civil.

Há que se consignar que doutos juristas consideram sinônimas a personalidade e a capacidade de direito, configuradas na aptidão que toda pessoa tem de ser sujeito de direitos, não se confundindo estas, com a capacidade de fato, que é a capacidade de agir, só exercida de forma plena por pessoas absolutamente capazes.

Fica assim registrada a diferença existente entre a capacidade de fato e a capacidade de direito – entendida esta como sinônima da personalidade civil e aquela como a capacidade do homem de defender por si próprio os seus direitos – como um fator de desigualdade permitida no direito infraconstitucional, não obstante o princípio da igualdade entre as pessoas enunciado constitucionalmente. Essa desigualdade é permitida, porque advém do próprio estado das pessoas enquanto tais.

Assim, não obstante o fato de que toda pessoa tenha personalidade civil e seja titular de direitos em iguais condições a qualquer outra, nem sempre possui capacidade de exercer esses direitos em perfeita igualdade.

Deve-se consignar, para desenvolvimento futuro, que embora o Direito, algumas vezes, crie privilégios para algumas pessoas, ele nunca institui pessoas desprivilegiadas.

4. O HOMEM COMO SUJEITO CONCENTRADOR DOS DIREITOS SUBJETIVOS

Afirmado que a personalidade jurídica é a aptidão para ter direitos e obrigações e, em consequência, que o ente apto a ser sujeito dos direitos é a pessoa, significa dizer que, no terreno jurídico, o Direito, como instituição, se volta exclusivamente para o homem.

Assim, o sujeito de direitos é, em primeiro lugar, o homem, o mais imediato portador de direitos subjetivos, o sujeito por excelência, já que a ordem jurídica existe exclusivamente para os homens e, por isso, é natural que eles sejam os principais participantes da vida jurídica, individualmente ou em agrupamentos sociais.

Francesco Ferrara proclama:

> Soggetto di diriti è in primo luogo l'uomo: questo è il piú immediato, l'originario portatore di diritti soggettivi, il soggetto per eccellenza. Poichè infatti l'ordine giuridico esiste per gli uomini, è naturale che questi vengano in prima linea, come partecipanti della vita giuridica.[8]

Pode-se afirmar, portanto, que todo homem, por necessidade da sua própria natureza, é o centro da esfera jurídica e, assim, tem

---

[8] FERRARA, Francesco. *Trattato di diritto civile italiano*. Roma: Athenaum, 1921, v. 1, p. 445.

personalidade, é pessoa.[9] Essa é uma observação tão óbvia, apresentando-se de tal forma imediata ao intelecto de quem investiga a questão, parecendo que a resposta lógica é que pessoa há de ser o próprio homem.

A atribuição, pois, da qualidade de sujeito de direito, isto é, de pessoa, ao homem, é um princípio básico de qualquer ordenamento jurídico, sem necessidade de ser proclamada em preceitos legislativos, de tal, forma que constitui verdadeiro direito natural e, como tal, irrenunciável, significando que o homem não pode abrir mão de sua personalidade jurídica. É inadmissível e ineficaz a renúncia ou o cerceamento voluntários do homem à capacidade jurídica.

Carlos de Carvalho, segundo *Espinola*, consolidou como postulado do Direito Brasileiro que "Ninguém pode alienar sua liberdade ou alterar-lhe substancialmente o exercício".[10]

Mesmo quando não se aceita a ideia de um Direito Natural, anterior e superior ao Direito Positivo, pode-se considerar prevalecente o entendimento de que a defesa dos direitos humanos se fundamenta no conceito de pessoa.[11]

Miguel Reale pontifica que:

> o valor da pessoa humana passa a ser visto como o 'valor-fonte' de todos os valores sociais, e, por conseguinte, como fundamento essencial à ordem ética, em geral, e à ordem jurídica, em particular. Isto significa que não se pode alcançar o sentido essencial do Direito sem se levar em conta a natureza essencial do homem, segundo o clássico ensinamento de Cícero: 'natura juris ab hominis natura repetenda est', ou seja, que a natureza do Direito resulta da natureza mesma do homem.[12]

---

9   ESPINOLA, Eduardo. *Sistema do direito civil brasileiro*. Introdução e Parte Geral. 3. ed. Rio de Janeiro: Francisco Alves, 1938, v. 1, p. 311-312.
10 ESPINOLA Eduardo; ESPINOLAFILHO, Eduardo. Op. cit., p. 309.
11 REALE, Miguel. *Direito natural. Direito positivo*. São Paulo: Saraiva, 1984, p. 17.
12 REALE, Miguel. Op. cit., p. 19.

Em continuação, ainda sustenta o mesmo jurista que:

> Estabelecido, assim, o caráter universal do conceito de pessoa, deflui a conseqüência de que ele representa o fulcro e o princípio fundamental de toda a ordem jurídica. Em verdade, o Direito, tudo somado, deve ter como seu destinatário real o homem, seja visto em sua individualidade, seja considerado como socius ou membro componente dos múltiplos círculos de interesse que compõem a convivência social.[13]

De acordo com o Direito moderno, aliás inspirado nos ditames da razão, todo ser humano nascido com vida é pessoa.

No entanto, sem embargo dessa opinião, o saudoso *Clóvis* afirmou:

> As idéias de homem e de pessoa natural não coincidem em toda a sua extensão, por isso que pessoa natural é o homem numa determinada atitude na sociedade civil. A sociedade é o meio onde vive o homem; nesse meio, ele desenvolve a sua atividade em direções diversas, protegido sempre pela ordem jurídica e, portanto, podendo agir como pessoa; mas o homem pode ser encarado sob várias relações estranhas ou indiferentes ao direito.[14]

Contudo, com todo o respeito que merece o jurista, deve-se aceitar, modernamente, a sinonímia de pessoa natural e homem, visando sempre a realidade e a razão, que devem constantemente orientar o filósofo do Direito.

Sob essa perspectiva, é de rigor fixar o marco inicial em que o homem começa a existir juridicamente. A partir de quando começa a sua personalidade civil.

---

[13] Idem.

[14] *Teoria geral do direito civil. Apud* ESPINOLA, Eduardo; ESPINOLA FILHO, Eduardo. Op. cit., p. 310.

Capítulo II

A evolução controvertida da natureza jurídica do nascituro

1. As escolas doutrinárias quanto ao início da personalidade civil do homem

Desde o Direito Romano, há uma grande perplexidade entre juristas e legislações para definir e demarcar o início da personalidade civil da pessoa como sujeita de direitos.

A doutrina bipartiu-se. Uma, a natalista, atribui a personalidade apenas ao ente que nasceu vivo, e outra, a concepcionista, bate-se pelo princípio de que o nascituro é sujeito de direitos e, assim, tem personalidade jurídica.

Teixeira de Freitas leciona que desde a concepção a lei protege o nascituro e reconhece nele um sujeito de direitos. Ou seja, atribuiu ao nascituro uma personalidade capaz de ser sujeito de direitos de forma irrestrita e universal.

Mas, de outra banda, *Eduardo Espinola* categoricamente assevera que o início da personalidade civil do homem somente se dá a partir do nascimento com vida, deixando de ser feto o nascituro, para ser pessoa. Assim, antes de nascer, não é pessoa, portanto, não tem personalidade jurídica. É mera expectativa de pessoa.

São, dessa forma, duas escolas que se contrapõem: a natalista e a concepcionista.

Ambas as escolas têm razões próprias e definidas, que são os fundamentos sobre os quais fulcram suas doutrinas.

A primeira escola, a concepcionista, da qual fazem parte *Teixeira de Freitas, Clóvis, Carlos de Carvalho* e *Planiol*, ampara-se nos seguintes fundamentos:

I) desde a concepção o ser humano é protegido pelo Direito como se já tivesse nascido;

II) o Direito Penal pune a provocação do aborto como crime contra a vida, protegendo o nascituro como um ser humano;

III) o Direito Processual autoriza a posse em nome do nascituro;

IV) o nascituro pode ser representado por um curador;

V) é admissível o reconhecimento de filhos ainda por nascer;

VI) pode o nascituro receber bens por doações e por testamento;

VII) enfim, a pessoa por nascer considera-se já ter nascido, quando se trata de seus interesses.

A segunda escola, a natalista, na qual se posicionam juristas do porte de *Espinola, Pontes de Miranda, Caio Mário da Silva Pereira, Luís Roberto Barroso, Ferrara* e *Ronald Dworkin* considera que a opinião dos concepcionistas não é correta. Para os natalistas, o ser humano, não separado do ventre materno, não tem existência própria, sendo parte do corpo materno. Não tem personalidade, sendo só nos casos expressos, taxados em lei, que o Direito o considera já nascido, quando o seu interesse assim o exigir.

Mesmo porque, segundo essa escola, se fosse pessoa o nascituro, além de sujeito de direitos, também seria sujeito passivo de obrigações, como, por exemplo, sujeito passivo da obrigação alimentícia e, outrossim, seria possível a sua sucessão hereditária, no caso de ter obtido a posse da herança enquanto nascituro, porém, não ter nascido com vida.

Afirmam os natalistas que, antes de nascer, não é pessoa o fruto do corpo humano e não tem personalidade jurídica. Todavia, no período que decorre entre a concepção e o nascimento, existe uma expectativa de personalidade, por isso, é punido o aborto provocado. Tanto as leis penais como as leis civis reservam e acautelam direitos para o caso em que o nascituro venha à vida extrauterina. A lei considera a esperança de homem (expectativa de personalidade) como ente ao qual é justo conservar os direitos que, com o seu nascimento e existência como pessoa, lhes serão admitidos na qualidade de direitos.

1.1 A doutrina da escola concepcionista

A despeito do Código Civil Brasileiro não ter acolhido a tese do começo da personalidade do ser humano desde a concepção, tem ela o apoio incondicional de alguns doutrinadores na literatura jurídica pátria, embora minoritários.

Segundo a escola concepcionista, a personalidade civil do homem começa a partir da concepção, ao argumento de que tendo o nascituro direitos, deve ser considerado pessoa, uma vez que só a pessoa é sujeito de direitos, ou seja, só a pessoa tem personalidade jurídica.

Para os concepcionistas, falar em direitos do nascituro é reconhecer-lhe qualidade de "pessoa", porque, juridicamente, todo titular de direito é pessoa. "Pessoa", em linguagem jurídica, é exatamente o sujeito ou o titular de qualquer direito.[15]

---

[15] MONTORO A. F.; FARIA, A. de Oliveira. Condição jurídica do nascituro no direito brasileiro. São Paulo: Saraiva, 1953, p. 10.

Para essa corrente, dito que o nascituro tem direitos, estar-se-á, *ipso facto*, afirmando que ele é sujeito de direitos e, portanto, pessoa.[16]

Nesse raciocínio, afirmam os concepcionistas que não há como explicar que o nascituro possa ter o direito a alimentos gravídicos, direito à curatela (arts. 1.779 *caput* do CC), à representação e, ainda, posse em seu nome (arts. 877 e 878 do CPC), adquirir por testamento, entre outros, sem que seja considerado pessoa.

Na lição dos respeitados partidários dessa corrente doutrinária, a punição do aborto como crime contra a pessoa é o mais acentuado sinal de que o nascituro, no Direito Brasileiro, tem personalidade civil e é pessoa.

Afirmam que no Código Penal Brasileiro, no Título referente a "Dos Crimes contra a Pessoa", ao declinar os crimes contra a vida, fica expressada com nitidez a proteção à vida do nascituro como pessoa, pela tipificação do crime de aborto,[17] e, hoje, muitas legislações punem o crime de aborto, principalmente no Oriente Médio, na América Latina e África.

Asseveram que a vida é um bem inalienável e, nesse sentido, há um direito à vida, mas não há direito sobre a vida, e, se a mãe não tem direito sobre a sua própria vida, para dela dispor, não há fundamento reconhecer-lhe o direito de dispor da vida do filho por nascer.

Outrossim, declaram que já no Direito Romano, segundo os Digesta de Justiniano, a paridade do nascituro e do nascido era um princípio de caráter geral, salvo as exceções de algumas partes do *ius*.

A execução da mulher grávida condenada à morte era adiada para que pudesse dar à luz, tudo em proteção ao nascituro.

Acontece que os concepcionistas não atentam para o fato de que o adiamento da execução da mulher grávida era feito em be-

---

[16] Idem.

[17] Arts. 124, 125 e 126 do Código Penal brasileiro.

Os Direitos do Nascituro

nefício do pai, uma vez que os filhos lhe pertenciam e sobre eles o *pater familias* tinha o poder de vida e de morte, inclusive podia aliená-los para serem escravos.

Outro tanto, de acordo com essa doutrina, a Consolidação das Leis do Trabalho, quando dá proteção à maternidade, mais especificamente, em seus arts. 392, 393 e 394, almeja precipuamente proteger o nascituro e, nesse sentido, existem inclusive vários julgados do Tribunal Superior do Trabalho do Brasil.

Alguns doutrinadores, por sua vez, dividem a escola concepcionista em dois ramos, a saber: a verdadeiramente concepcionista e a doutrina concepcionista da personalidade condicional.

A doutrina chamada por alguns de verdadeiramente concepcionista sustenta que a personalidade começa da concepção, e não do nascimento, sem qualquer condição. Apenas os efeitos de alguns direitos, como os direitos patrimoniais, dependem do nascimento com vida.

A doutrina concepcionista da personalidade condicional é noticiada por *Eduardo Espinola* e *Espinola Filho*, reconhecendo a personalidade, desde a concepção, porém, sob a condição do *infans conceptus* nascer com vida.

Silmara J. A. Chinelato e Almeida, então Professora Assistente e Doutora em Direito Civil da Faculdade de Direito da Universidade de São Paulo, comentando a respeito do nascituro no Código Civil Brasileiro, afirma que utilizando-se dos métodos lógicos e sistemáticos de hermenêutica, conclui-se que o então art. 4.º do referido diploma legal[18] consagrava a teoria concepcionista, e não a teoria natalista, conforme tem sido erroneamente defendido pela maioria dos autores.[19]

A seguir, no mesmo comentário, a autora citada assim se manifesta *in verbis*:

---

[18]   O comentário da autora referia-se ao então art. 4º do Código Civil de 1916.

[19]   ALMEIDA, Silmara J. A. Chinelato e. O nascituro no Código Civil e no direito constituendo do Brasil. Revista de Informação Legislativan. 97. Brasília, p. 185.

A tomada de posição de que o nascituro é pessoa, importa reconhecer-lhe outros direitos além dos que expressamente lhe são conferidos pelo Código Civil, uma vez que se afastam na espécie, por inaplicável, a regra de hermenêutica 'excepciones sunt strictissimae interpretationis'. Reitera nosso modo de ver quanto à não-taxatividade dos direitos reconhecidos ao concebido pelo Código, outro postulado de hermenêutica, no sentido de que a enunciação taxativa é indicada expressamente pelas palavras só, somente, apenas e outras similares, inexistentes no texto do art. 4.º que, ao contrário, refere-se genericamente a 'direitos do nascituro'.[20]

Como se observa, essa autora adota a teoria verdadeiramente concepcionista, ou incondicional, como preferimos denominá-la.

No art. 1.º da sua Consolidação, *Teixeira de Freitas* consagrou abertamente tal princípio: "As pessoas considerar-se-ão como nascidas, apenas formadas no ventre materno; a lei lhes conserva seus direitos de sucessão para o tempo do nascimento."

Já o Projeto do Código Civil Brasileiro, elaborado em 1899, determinava que a personalidade civil do ser humano começa com a concepção, sob a condição de nascer com vida.

Os concepcionistas, de um modo geral, sejam adeptos dessa ou daquela corrente concepcionista, depois de analisarem a proteção que a ordem jurídica concede ao nascituro, chegam à conclusão de que, sendo ele titular de alguns direitos, deve ser considerado como pessoa pela ordem jurídica, não havendo razão de ser a objeção feita pelos partidários da doutrina natalista.

Maria Helena Diniz assevera que a razão está com a teoria concepcionista, uma vez que o Código Civil resguarda, desde a concepção, os direitos do nascituro.[21]

Por sua vez, *Limongi França* diz textualmente:

Juridicamente, entram em perplexidade total aqueles que tentam afirmar a impossibilidade de atribuir capacidade ao nascituro 'por

---

[20] ALMEIDA, Silmara J. A. Chinelato e. Op. cit., p. 186.
[21] DINIZ, Maria Helena. *Código Civil anotado*. 2. ed. São Paulo: Saraiva, 1996, p. 10.

este não ser pessoa'. A legislação de todos os povos civilizados é a primeira a desmenti-lo. Não há nação que se preze (até a China) onde não se reconheça a necessidade de proteger os direitos do nascituro (Código chinês, art. 7.º). Ora, quem diz direitos afirma capacidade. Quem afirma capacidade reconhece personalidade.[22]

Consigna *Adahyl Lourenço Dias* que o feto existe, tem função orgânica e biológica própria, desde a concepção, ligada à vida da mãe. É uma fonte de vida humana. A lei prevê então garantias e obrigações relativamente ao nascituro e, sendo assim, considera-o com personalidade jurídica, que não se confunde com personalidade civil ou humana, coisas diferentes no campo da tecnologia jurídica, ligada à vida orgânica.[23]

Diz o mesmo autor:

> Não gozando de capacidade de agir, não podendo exercer por si mesmo os atos da vida jurídica, deverá o nascituro sempre ser representado. Aliás, o mesmo se dá com os menores impúberes e as demais pessoas absolutamente incapazes, bem como as pessoas jurídicas que, embora dotadas de personalidade, não têm, jamais, capacidade de fato. Todos exercem igualmente os atos jurídicos por meio do representante, isso porque, na feliz conclusão de *Aloysio Teixeira*, 'se os nascituros são representados sempre que lhes competir a aquisição de bens, dando-se-lhes curador ao ventre, deve-se concluir que já existem e que são pessoas, pois, o nada não se representa'.[24]

Por sua vez, no dizer de *Pierángelo Catalano*:

> ao fervor ideológico individualista da Corte Suprema dos Estados Unidos, que deu origem às sentenças emitidas em 1973, a propósito do aborto, (G. Bognetti), corresponde, como se sabe, à simplista afirmação de que o nascituro nunca teria sido reconhecido pelo Direito como 'pessoa em sentido próprio' ('... in the whole sense').

---

[22] FRANÇA, R. Limongi. Instituições de direito civil. 4. ed. São Paulo: Saraiva, 1996, p. 50.

[23] DIAS, Adahyl Lourenço. Venda a descendente. 3. ed. Rio de Janeiro: Forense, 1985, p. 278.

[24] Idem, p. 281.

Diante de tal fervor individualista, podemos remontar ao princípio codificado por Justiniano, através da opinião de Ulpiano (D. 37, 9, 1, 15) (4):

'Não duvidamos que o pretor tenha que prestar ajuda também ao concebido, bem mais porque a sua causa deve ser mais favorecida do que aquela do menino: porquanto o concebido é protegido para que venha à luz, o menino para que seja introduzido na família; pois este concebido tem que ser nutrido porque nasce não somente para o pai, ao qual diz-se pertencer, mas também para a república'.[25]

Arremata a doutrina concepcionista com o argumento de que, em face do tratamento dispensado ao nascituro pelo Direito Penal e pelo Direito Civil, há que se reconhecer a sua personalidade civil, uma vez que essas legislações calculam a existência desde a concepção para atribuir-se desde então direito ao homem, sendo assim irrecusável, que a começar desse momento ele é sujeito de direitos e, portanto, pessoa.

1.2 A doutrina da escola natalista

Segundo a doutrina natalista, o nascituro é mera expectativa de pessoa e, por isso, tem meras expectativas de direitos e só é considerado como existente, desde a sua concepção, para aquilo que lhe é juridicamente proveitoso (*Infantus conceptus pro jam nato habetur quoties de ejus commodis agitur*).

Sustentam os natalistas que, caso os direitos do nascituro não fossem taxativos, nenhuma razão existiria para que o Código Civil os declinasse, um por um. Fosse ele pessoa, todos os direitos subjetivos lhe seriam conferidos automaticamente, sem necessidade da lei decliná-los um a um. Dessa forma, essa seria a verdadeira interpretação sistemática que se deve dar ao Código Civil Brasileiro.

---

[25] CATALANO, Pierángelo. Os nascituros entre o direito romano e o direito latino-americano. Trad. do Prof. Eduardo C. Silveira Marchi, da Faculdade de Direito da USP. *Revista de Direito Civil*, v. 45, p. 14.

Corroborando essa corrente doutrinária, afirmam *Espinola* e *Espinola Filho* que a orientação afinal vencedora, na elaboração do Código Civil pátrio, de que resultou consignar o art. 4.º, da Parte Geral, como regra, que a personalidade civil do homem começa do nascimento com vida, corresponde, iniludivelmente, à melhor doutrina, a que o Projeto Coelho Rodrigues[26] havia dado acolhida e que tem a preferência dos juristas pátrios, na sua maioria.[27]

Por outro lado, segundo os ensinamentos de *Pontes de Miranda*:

> *a personalidade civil do homem começa do nascimento com vida; mas a lei põe a salvo desde a concepção os direitos do nascituro" (art. 4.º). No útero, a criança não é pessoa, se não nasce viva, nunca adquiriu direitos, nunca foi sujeito de direito, nem pode ter sido sujeito de direito (= nunca foi pessoa). Todavia, entre a concepção e o nascimento, o ser vivo pode achar-se em situação tal que se tem de esperar o nascimento para se saber se algum direito, pretensão, ação, ou exceção lhe deveria ter ido. Quando o nascimento se consuma, a personalidade começa.[28]*

Roberto de Ruggiero, emérito civilista italiano, considera nascido o feto separado do corpo materno, quer a separação tenha sido natural, quer artificial, mediante o auxílio da arte cirúrgica:

> Antes do nascimento o produto do corpo humano não é ainda pessoa, mas uma parte das vísceras maternas[29'] . No entanto, com esperança de que nasça, o direito tem-no em consideração, dando-lhe uma proteção particular, reservando-lhe os seus direitos e fazendo retroagir a sua existência, se nascer, ao momento da concepção. A equiparação do concebido ao nascido ('conceptus pro iam nato habetur') é feita pelo direito só no seu interesse, pelo que não aproveita a terceiros e

---

[26] Projeto Coelho Rodrigues, art. 3.º: "A capacidade civil da pessoa natural começa do nascimento; mas desde a concepção do feto humano, a lei o considera existindo para conservar-lhe os direitos que há de adquirir, se nascer vivo." Apud ESPINOLA, Eduardo; ESPINOLA FILHO, Eduardo. Op. cit., p. 440.

[27] ESPINOLA, Eduardo; ESPINOLA FILHO, Eduardo. Op. cit., p. 439-440.

[28] PONTES DEMIRANDA, F. C. Tratado de direito privado. Parte Geral. 2. ed. Rio de Janeiro: Borsoi, 1954, t. I, p. 162.

[29] Modernamente é melhor que se diga "parte do corpo materno".

exerce-se por um lado, com o instituto do curador ao ventre, com o fim de vigiar os direitos que competirão ao nascituro.[30]

Para a escola natalista, então, o nascituro não tem vida independente, é parte das vísceras maternas. Argumentam que, inclusive, na fase gravídica, a mãe e o filho nascituro chegam a manter um órgão comum a ambos, que é a placenta. Pode-se dizer que a placenta é um órgão misto, pois, é formada em parte por tecido do *infans conceptus* e em parte por tecido materno. Nela os vasos sanguíneos do nascituro e da gestante ficam muito próximos, permitindo a entrada de alimentos e oxigênio para ele e a saída de ureia e de gás carbônico para a mãe.

À separação do corpo materno deve seguir-se a vida independente do feto; não é pessoa quem nasce morto (*Qui mortui nascuntur, neque nati neque procreati videntur, quia nunquam liberi appellari potuerunt*, Paolo, fr., 129, D., 50.16) e desaparecem em tal caso, todas as medidas de proteção tomadas para o nascituro.[31]

San Tiago Dantas assim se manifestou sobre o assunto:

> A personalidade data do nascimento e não basta o nascer, precisa-se nascer com vida. Nascimento com vida é, pois, o elemento essencial para que se inicie a personalidade.
>
> De fato, desde o momento em que o homem está concebido, mas ainda no ventre materno, já a ordem jurídica toma conhecimento da sua existência e confere-lhe a sua proteção.
>
> Essa proteção se manifesta de muitos modos. Por exemplo, todas as vezes em que a mãe se encontra numa posição jurídica em que seu interesse é contrário ao interesse do nascituro, isto é, ao interesse daquele que vai nascer, manda a lei que se dê um curador ao ventre, que é o defensor dos direitos do nascituro.
>
> De maneira que, parece que desde o período de sua vida intra-uterina, já o homem é sujeito a direitos, já tem uma capacidade, já se iniciou, por conseguinte, a sua personalidade.

---

[30] RUGGIERO, Roberto de. Instituições de direito civil. Tradução da 6. ed. italiana pelo Dr. Ari dos Santos. São Paulo: Saraiva, v. I, 1934, p. 341-342.

[31] RUGGIERO, Roberto de. Op. cit., p. 342.

Os projetos do Código Civil Brasileiro variaram muito na solução que deviam adotar com relação a esta data do início da personalidade, mas, no nosso Código Civil, o assunto não tem lugar a dúvidas. A personalidade data do nascimento.[32]

Carvalho Santos, em sua obra "Código Civil Brasileiro Interpretado", comentando o art. 4.º do Código Civil Brasileiro e citando *Alves Moreira* sobre a redação do texto idêntico do Código Civil Português, assim se expressa:

> Não tinha o legislador necessidade de declarar que para adquirir a capacidade jurídica é necessário o nascimento com vida, pois a personalidade depende da existência e o início da vida extra-uterina dá-se pelo nascimento. Portanto, quem nasce morto, juridicamente é como se não nascesse.[33]

Outrossim, segundo a doutrina natalista, a proteção que o Direito Penal dá ao nascituro não é enquanto pessoa já nascida, não obstante o crime de aborto esteja situado entre os crimes contra a pessoa. É que ao preferir o denominado aborto terapêutico, em detrimento da vida do nascituro – em caso de risco de vida da gestante – e o aborto sentimental ou humanitário – no caso de gravidez resultante de estupro – o sistema jurídico declara, expressamente, a desigualdade entre os direitos do nascituro e os direitos da pessoa nascida.[34]

Essa desigualdade, que a lei penal firma entre os direitos da pessoa nascida e os do nascituro, fica mais evidente quando se comparam as penas conferidas ao homicídio com as penas conferidas ao aborto. A pena do crime de homicídio é significativamen-

---

[32] DANTAS, San Tiago. Programa de direito civil. Parte geral. 2. tir. Rio de Janeiro: Ed. Rio, 1942-1945, p. 170.

[33] SANTOS, J. M. Carvalho. Código Civil brasileiro interpretado. 15. ed. Rio de Janeiro: Freitas Bastos, 1992, v. I, p. 246.

[34] ASUA, Jiménez de. Apud SOUZA, Alberto R. R. Rodrigues de. Estado de necessidade: um conceito novo e aplicações mais amplas. Rio de Janeiro: Forense, 1979, p. 133.

te superior a quaisquer das penas das espécies de crime de aborto, na generalidade dos sistemas jurídicos mundiais.

Alguns consideram, que o infanticídio não é nada mais do que uma espécie de homicídio, que por política criminal, é conferida pena bem inferior ao deste, por influência única e exclusiva do estado puerperal. O mesmo não se pode dizer do aborto que em hipótese alguma se assemelha ao homicídio.

Dessarte, para os natalistas, o aborto para salvar a mãe ou para não por em perigo a sua saúde, demonstra que não há um conflito entre bens iguais, ou seja, vida da pessoa por nascer contra a vida da pessoa já nascida, que no caso, é a vida da mãe gestante.

Outrossim, no chamado aborto humanitário, no caso em que a gravidez resulta de estupro, na verdade, o legislador coloca o sentimento de repulsa da gestante, de ter um filho de seu estuprador, em grau superior à vida do nascituro.

Não se trata da defesa da legalização generalizada do aborto por parte dos natalistas, pois, como se verá, essa doutrina não é incompatível com a manutenção da criminalização do aborto como fato típico, não obstante também não seja inconciliável com a total descriminalização do aborto.

Aderimos a essa escola doutrinária por ser a que vigora em nosso país e por pensarmos ser a mais lógica dentro do nosso Ordenamento Jurídico e a mais moderna, perante a novas questões como a biogenética, que vem atormentando a imaginação dos juristas de todo o planeta. Este nome vem sendo usado como sinônimo de biotecnologia e engenharia genética. Com o tempo, costuma-se criar novos nomes para o assunto, principalmente quando aparecem novas descobertas. A doutrina natalista é a que mais se adequa à ciência da biogenética, sem se contradizer. É a única que se acomoda cabalmente no mundo moderno, sem se contradizer.

Outrossim essa Escola é a única que se adequa perfeitamente ao sistema constitucional aberto como veremos posteriormente.

2. O NASCITURO NO DIREITO ROMANO

No Direito Romano, fonte do Direito Brasileiro, encontramos os textos mais diversos e contraditórios sobre o tema dos direitos do nascituro, podendo-se vislumbrar as duas tendências doutrinárias já referidas a respeito do início da personalidade.

Segundo a lição de *Ulpiano*: "partus, enim, ante quam edatur, mulieris, portio est, vel viscerem" (D. 25, 4, fr. 1).[35] Por seu turno na expressão de *Papiniano*: "partus nodun editus, homo non recte fuisse dicitur" (D. 35, 2, fr. 9).[36]

Outros textos consideram o nascituro como pessoa, como, por exemplo, a sentença de *Paulo*: "qui in utero est perinde ac si in rebus humanis esset, custoditur, quotiens de commodis ipsius partus quaeritur quanquam alii, atequam nascatur, nequaquam prosit" (D. 1, 5, fr. 7).[37]

Há ainda o fragmento de *Juliano*, "qui in utero sunt in toto pene jure civili intelliguntur in rerum nature esse" (D. 1, 5, fr. 26).[38]

Em face desses textos, conclui *Windscheid* que a doutrina romana é a seguinte: "o feto no útero materno ainda não é homem, porém, se nasce capaz de direito a sua existência se computa desde a época da concepção."[39]

Mas, por outro lado, afirma *Alberto Burdese*:

> Solo a determinati effetti, specie se favorevoli al nascituro, il diritto romano prende in considerazione il momento del concepimento, anziché quello della nascita, quale momento d'inizio dell'esistenza, sempreché la nascita consegua.[40]

---

[35] MONTORO, A. F.; FARIA, A. de Oliveira. Op. cit., p. 13.

[36] Idem.

[37] MONTORO, A. F.; FARIA, A. de Oliveira. Ob. cit., p. 13.

[38] Idem, p. 14.

[39] BEVILÁCQUA, Clóvis. Teoria geral do direito civil. 2. ed. Rio de Janeiro: Francisco Alves, 1929, p. 88.

[40] BURDESE, Alberto. Manuale di diritto privato romano. 3. ed. Torino: Torinese, 1975, p. 140.

Manifesta-se assim vacilante, o Direito Romano, quanto ao início da existência da pessoa e da personalidade.

Em algumas vezes era reconhecida personalidade ao nascituro; em outras, se estabelecia uma personalidade condicional, colocando-se a salvo os seus direitos, sob a condição de que nascesse viável, consoante o brocardo: *"Nasciturus pro jam nato habetur quoties de ejus commodis agitur."* Em outras ainda, considerava-se a criança não viável como despida de personalidade e finalmente, às vezes, negava-se personalidade aos monstros ou crianças nascidas sem forma humana.

Porém, dizem os natalistas que não há dúvidas de que prevaleceu, entre os juristas romanos, o conceito de que o feto é apenas parte do corpo da mulher e não podia, portanto, ser considerado pessoa. O feto que ainda não foi dado à luz não se diz que seja um homem (*"partus nondum editus homo non recte fuisse dicitur"*).

O magistral *Itabaiana de Oliveira* afirma peremptoriamente:

> o Direito Romano só considera homem, ou pessoa, o ente nascido de mulher, quando concorrem os seguintes requisitos: forma humana, completa separação das vísceras maternas e viabilidade. A ausência da forma humana constitui o monstrum ou prodigium, não assim certos vícios ou irregularidades. Enquanto o filho não está completamente separado das vísceras maternas, é considerado como fazendo parte da mãe.[41]

Majoritariamente, porém, o Direito Romano reconhecera, de modo expresso, que o parto, antes de dado à luz, é uma parte da mulher ou de seu corpo.

Para os romanos não bastava apenas o nascimento com vida extrauterina, era necessário que o nascido possuísse forma humana, caso contrário era considerado *monstrum* e não era tido como pessoa.

Segundo *José Carlos Moreira Alves*, desde os glosadores até o século XIX, considerou-se *monstrum* o ser que, embora nascido de

---

[41] OLIVEIRA, Arthur Vasco Itabaiana de. Tratado de direito das sucessões. 3. ed. Rio de Janeiro: Jacintho, 1936, v. I, p. 127.

mulher, apresentasse, no todo ou em parte, conformação de animal, o que demonstraria ter sido ele gerado de *coitus cum bestia*.[42]

Alguns romanistas defendem a hipótese de que em Roma, só era considerado pessoa, em sentido jurídico, o ser humano que além de nascer com vida e ter forma humana, fosse vital, isto é, nascesse depois de período, no mínimo, de seis meses de gestação, já que, segundo *Hipócrates*, esse era o menor tempo de gestação que a criança tinha para que continuasse a viver, depois de nascida.

Conclui-se, pois, que não obstante admita-se a controvérsia sobre o início da personalidade no Direito Romano, há que se ater ao fato de que a maioria da doutrina romanista não considera o nascituro como pessoa, já que nem o *monstrum*, mesmo que nascido com vida, era considerado pessoa. Por isso, *Caio Mário da Silva Pereira* afirmou em sua obra *Instituições do Direito Civil*, que para o Direito Romano a personalidade jurídica coincidia com o nascimento, antes do qual não havia falar em sujeito ou objeto de direito.

O *monstrum* é o ser humano disforme, que no sistema jurídico romano era excluído de qualquer relação jurídica.

Outrossim, sob outro prisma, não obstante o escravo constituir um ser humano, não era considerado pessoa em Roma. Não era sujeito de direito. Equiparava-se à coisa, res. *Servus est res.*

Não bastava, pois, ser homem para ser considerado pessoa no Direito Romano. Era preciso nascer com vida, tendo forma humana viável e não estar na condição de escravo.

A execução da mulher escrava grávida, condenada à morte, também era sobrestada até o nascimento de seu filho, uma vez que este nasceria escravo porque tinha o mesmo aspecto da propriedade das crias dos animais domésticos atualmente.

A maioria dos doutrinadores brasileiros modernos adota a teoria natalista, afirmando que essa foi a orientação que prevaleceu

---

[42] ALVES, José Carlos Moreira. Direito romano. 6. ed. Rio de Janeiro: Forense, 1987, p. 111.

no Direito Romano, o qual é a fonte, por excelência, da maioria das legislações, notadamente, da legislação brasileira.

De acordo ainda com esses doutrinadores, em Roma, para ter personalidade completa, para ser pessoa, era preciso preencher duas condições: uma natural, com o nascimento perfeito, e outra civil, condição artificial, criada pela doutrina romana.

Nascimento perfeito era o nascimento idôneo para gerar consequências jurídicas e, para tanto, deveria reunir três requisitos: o nascimento com vida, forma humana e viabilidade do feto, ou seja, saúde orgânica suficiente para continuar a viver.

A condição civil, artificialmente criada pelo direito romanístico, era a qualidade por meio da qual o romano adquiria direitos. Era a condição civil de capacidade.

Segundo *Alexandre Correia*,[43] por princípio do *ius civile*, o homem só era sujeito de direitos quando nele concorriam a qualidade de livre, de cidadão romano e a de pessoa independente do poder familiar, entende-se obviamente, que antes de tudo, necessário se fazia o requisito natural da sua existência. Para o Direito Romano o homem existe quando nasceu. *Partus nondum editus homo non recie fuisse dicitur*,[44] porque *antequan edatur, mulieris portio est vel viscerum*.[45]

Conforme o mesmo autor, para alguns efeitos jurídicos, a lei considerava o que foi tão somente concebido (*nasciturus*) e lhe garantia direitos que lhe pertencessem quando e se houvesse nascido. Era necessário nascer vivo. Para os *Proculianos* a manifestação da vida era constituída pelo fato de ter o recém-nascido emitido um vagido; os Sabinianos consideravam suficiente qualquer sinal de vida. Justiniano acolheu a opinião dos Sabinianos.[46]

---

[43] CORREIA, Alexandre. Manual do direito romano. 4. ed. São Paulo: Saraiva, 1961, v. I, p. 40.

[44] D. 35, 2, 9, 1 Papin.

[45] D. 25, 4, 1, 1 Ulp.

[46] CORREIA, Alexandre. Op. cit., p. 41.

Após a queda do Império Romano, durante o feudalismo, surgiu a figura do servo que, embora tivesse condições diferentes do escravo, também era considerado coisa e podia ser alienado juntamente com o feudo. O senhor feudal tinha sobre o servo, praticamente, os mesmos direitos que o proprietário dos escravos tinha sobre o escravo na antiga Roma.

A escravidão reapareceu no Renascimento, com o tráfico dos negros, nos mesmos moldes da escravidão romana.

3. O NASCITURO NO DIREITO COMPARADO

Mais uma vez, nos permitimos tergiversar além do tema restrito, incursionando pelo direito comparado, uma vez que o Ordenamento Jurídico Brasileiro é influenciado por outros ordenamentos e não está isolado no universo jurídico internacional. Por isso, o direito comparado é de suma importância para situarmos a condição jurídica do nascituro no Direito Pátrio.

A maioria absoluta das legislações atuais repudiou a teoria concepcionista.

O início da personalidade, desde a concepção, foi adotado expressamente em lei apenas na Argentina e, com pequena variante, na Áustria e Venezuela.[47]

Pela dicção do art. 70 do Código Civil Argentino:

> desde la concepcion en el seno materno comienza la existencia de las personas; y antes de su nacimiento pueden adquirir algunos derechos, como si ya hubiesen nacido. Esos derechos quedan irrevocablemente adquiridos si los concebidos en el seno materno nacieren con vida, aunque fuera por instantes después de estar separados de su madre.

---

[47] ESPINOLA, Eduardo; ESPINOLA FILHO, Eduardo. A Lei de Introdução ao Código Civil brasileiro. Atualizada por Silva Pacheco. 2. ed. São Paulo: Renovar, 1995, v. 2, p. 35.

Coerentemente, o art. 54 do mesmo Código assim determina: "*Tienen incapacidad absoluta: 1.º Las personas por nacer.*"

Já o art. 63 do mesmo estatuto pontifica: "*Son personas por nacer las que no habiendo nacido están concebidas en el seno materno.*"

Néstor Pedro Sagüés, comentando a Constituição da Nação Argentina, em relação à proteção das crianças e das mães, mais precisamente o inc. 23 do art. 75, expressa-se dessa forma: "*La norma adquiere una transcendencia singular porque evidencia la protección constitucional de la persona por nacer, y la consecuente condena constitucional al aborto discrecional o libre.*"[48]

Pelo contrário preferiu o Código Civil Espanhol, fixando, como princípio geral, em seu artigo 29, que o nascimento determina a personalidade. Depois, no mesmo artigo, erigiu em lei, em parte, o aforisma romano *Infantus conceptus pro jam nato habetur quoties de ejus commodis agitur*, ao pontificar: "*El nacimiento determina la personalidad; pero el concebido se tiene por nacido para todos los efectos que le sean favorables, siempre que nazca con las condiciones que expresa el artículo siguiente.*"

No artigo seguinte, fixa que: "*Para los efectos civiles, sólo se reputará nacido el feto que tuviere figura humana y viviere veinticuatro horas enteramente desprendido del seno materno.*"

Sergio Romeo Malanda nos informa que no direito espanhol, portanto, "*el nacimiento determina la personalidad*",[49] tout court.

Em 24 de fevereiro de 2010, o Senado da Espanha, durante o governo do socialista José Luis Rodríguez Zapatero, o aborto foi aprovado em definitivo e com possibilidades ampliadas. A lei permite, inclusive, que as adolescentes com idade entre 16 e 18 anos possam interromper a gravidez mesmo sem o consentimento de seus pais.

---

[48] SAGÜÉS, Néstor Pedro. Introdución y commentario de la Constituición de la nación argentina. 6. ed. Buenos Aires: Astrea, 1995, p. 38.

[49] CASABONA, Carlos María Romeo et SÁ, Maria de Fátima Freire de. Direito Biomédico: Espanha-Brasil. Belo Horizonte: Editora PUC MINAS, 2011, p. 186.

O Código Civil Italiano, por sua vez, é absolutamente expresso quanto à preferência que deu à teoria natalista. Sob o título "Delle persone fisiche", o art. 1.º determina: "La capacità giuridica si acquista dal momento della nascita.

I diritti che la legge riconosce a favore del concepito sono subordinati all'evento della nacita (462, 687, 715, 784; Cost. 22)."

Francesco Ferrara afirma:

> La personalità umana comincia con la nascita. Bisogna che si abbia la completa separazione del feto dal corpo materno perfecte natus, non importa che questa avvenga in modo naturale od artificiale, per assistenza chirurgica.[50]

Outrossim, pontifica o mesmo mestre:

> É de ter em vista contra a regra 'Nascituros pro jam nato habetur quoties de commodis eius quaeritur', que ela é uma ficção dogmática incapaz de generalizar-se. Não é todas as vezes que esteja em jogo vantagens do concebido, que ele é de considerar-se como sujeito existente, mas só nos casos estabelecidos na lei: a regra por isso, vale como síntese dos casos positivamente acolhidos.[51]

Por sua vez, *Silverio Grassi*, citando doutrinadores de nomeada na Itália afirma que

> contro il riconoscimento della soggettività prima dellla nascita, sono state portate intanto le seguenti ragioni:
>
> Il Carnelutti ha affermato che, se non è ancora nato, l'intituito non c'è.
>
> Il Barassi, dopo aver premesso chedall'art. 462cit. parrebbe che il nascituro già concepito fosse capace di succedere subito, ha affermato che invece non è capace de succedere per la semplice ragione che non è ancora nato.
>
> Il Trabucchi ha affermato:prima della separazione, il feto non si distingue dalla madre, quindi non può avere una personalità.

---

[50] FERRARA, Francesco. Op. cit., p. 463.
[51] Idem, p. 466-467.

Il Ferri, dopo aver osservato che a la prima vista parrebbe che il legislatore atttribuisca ai concepiti la capacità de succedere, ha affermato che cosí non è pechè ciò sarebbe in contrasto con l'art. 1 del codice civile e perché ciò sembra costituire un assurdo logico.[52]

Igualmente o Código Civil Português em seu art. 66.º, enfatiza: "1. A personalidade adquire-se no momento do nascimento completo e com vida. 2. Os direitos que a lei reconhece aos nascituros dependem do seu nascimento."

Para o Direito Civil Português, se o óbito ocorrer durante o parto, não há nascimento completo e, assim, não chega a haver personalidade jurídica ou capacidade para a aquisição de direitos, o que tem importância decisiva quanto aos direitos que hajam de ser atribuídos aos nascituros. Esses direitos, nos termos do n. 2, estão dependentes da condição do nascimento.[53]

Na doutrina portuguesa, a palavra *nascimento* tem uma significação puramente fisiológica. Consiste em o indivíduo ser *perfectè natus*, sair do ventre da mãe e ficar completamente separado dela, como ente inteiramente distinto. A separação se opera naturalmente ou com meios cirúrgicos, pois, enquanto está ligado à mãe pelo cordão umbilical, é ainda pars *viscerum matris*, o parto e o nascimento não estão concluídos, e, alimentada pelo sangue materno, a criança não tem ainda vida própria e independente.[54]

Em Portugal, o aborto (ou interrupção voluntária de gravidez) foi legalizado por referendo realizado em 2007 e é permitido até a décima semana de gravidez, se assim quiser a mulher, independentemente dos motivos.

A interrupção voluntária de gravidez é permitida até a décima ma segunda semana de gestação, a pedido da grávida, podendo

---

[52] GRASSI, Silverio. I nascituri concepiti e i concepiti artificiali. Tonino, 1995, p. 27-28.

[53] LIMA, Pires de; VARELA, Antunes. Código Civil anotado. 4. ed. Coimbra: Coimbra, 1987, v. I, p. 101.

[54] GONÇALVES, Luiz da Cunha. Tratado de direito civil, em Comentário ao Código Civil português, adaptado ao direito brasileiro. Coimbra: Max Limond, v. I, t. I, 1955, p. 197.

ser realizada no sistema nacional de saúde ou nos estabelecimentos de saúde privados autorizados. A Lei nº 16/2007, de 17 de abril, indica que é obrigatório um período mínimo de reflexão de três dias e tem de ser garantido à mulher "a disponibilidade de acompanhamento psicológico durante o período de reflexão" e "a disponibilidade de acompanhamento por técnico de serviço social, durante o período de reflexão", quer para estabecimentos públicos, quer para clínicas particulares. A mulher tem de ser informada "das condições de efectuação, no caso concreto, da eventual interrupção voluntária da gravidez e suas consequências para sua saúde" e das "condições de apoio que o Estado pode dar à prossecução da gravidez e à maternidade". Também é obrigatório que seja providenciado "o encaminhamento para uma consulta de planeamento familiar".

Permitida até às dezesseis semanas em caso de violação ou crime sexual (não sendo necessário que haja queixa policial).

Permitida até às vinte e quatro semanas em caso de malformação do feto.

Permitida em qualquer momento em caso de risco para a grávida ("perigo de morte ou de grave e irreversível lesão para o corpo ou para a saúde física ou psíquica da mulher grávida") ou no caso de fetos inviáveis.

O § 1º do Código Civil Alemão (BGB) estabelece que a capacidade jurídica das pessoas começa da consumação do nascimento[55] e tão só. Destarte, o BGB deixa para focalizar, como particulares, os casos em que o nascituro tem assegurada a proteção de seus interesses, dada a hipótese de vir a nascer vivo.[56]

O Código Civil do Uruguai, com redação diferente, relega ao nascituro os mesmos efeitos do art. 2.º do Código Civil Brasileiro.

---

[55] Cf. nesse sentido WESTERMANN, Harry. Código Civil Alemão: Parte Geral. Tradução de Luiz Dória Furquim. Porto Alegre: Sergio Antônio Fabris Editor, 1991, p. 16.

[56] ESPINOLA, Eduardo; ESPINOLA FILHO, Eduardo. Op. cit., v. X, p. 454.

No entanto, em 2012, por 17 votos a favor e 14 contra, o Senado uruguaio aprovou projeto de lei que descriminalizou o aborto no país. Com a decisão, o Uruguai se transformou no segundo país da América do Sul (depois da Guiana) a permitir o aborto por qualquer mulher que deseja fazê-lo, até a 12ª. semana de gestação.

No Código Mexicano:

> la capacidad jurídica de las personas fisicas se adquire por el nacimiento y se pierde por la muerte pero desde el momento en que un individuo es concebido, entra bajo la protección de la ley y se le tiene por nacido para los efectos declarados en el presente Código.

Pela lei civil chilena:

> la existencia legal de toda persona principia al nacer, esto es, al separarse completamente de su madre. La criatura que muore en el vientre materno, o que perece ántes de estar completamente separada de su madre, o que no haya sobrevivido a la separacion un momento siquiera, se reputará no haber existido jamas.

No artigo seguinte, o Código Chileno diz que a lei protege a vida do que está por nascer.

Os códigos colombiano e peruano seguem essa mesma linha.

Assim, de um modo geral, os códigos civis das repúblicas latino-americanas, em divergência com o Código Argentino, adotam a doutrina natalista quanto ao início da personalidade civil da pessoa.

Segundo Eduardo Espinola, os Códigos Suíço, Alemão e Chinês dentre outros, mantêm igual regra. Da mesma forma o Código Francês, embora não de forma expressa.[57]Podemos afirmar que essa regra se manteve até os dias atuais.

Entre os países que permitem o aborto nos três primeiros meses de gravidez, por grande número de razões relativas à saúde física e psíquica da mãe, estão a França, Inglaterra, Áustria, Itália,

---

[57] ESPINOLA, Eduardo, ESPINOLA FILHO, Eduardo. Op. cit., v. X, p. 452.

Índia, Alemanha, Estados Unidos da América, Hungria, Polônia, China, Rússia e todos os países nórdicos.[58]

Relata Ronald Dworkin que um estado federado norte-americano não tem o poder constitucional de declarar que o feto seja uma pessoa ou proteger seus interesses à custa dos direitos constitucionais dos cidadãos.[59]

A Comissão da Convenção Europeia dos Direitos do Homem, na decisão de 13 de maio de 1980, Queixa n. 8416/78, DR, 19, p. 244, apreciando uma lei inglesa sobre o aborto, respondeu negativamente ao direito absoluto à vida do embrião, invocando, nomeadamente, que esse direito sempre estaria condicionado ao direito à vida da mãe; e, como naquele caso concreto, a questão resumia-se ao conflito entre a vida da mãe e a do feto, a Comissão concluiu que, nessas circunstâncias, o aborto estava coberto por uma limitação implícita do direito à vida do feto para salvar a vida da mãe.[60]

De qualquer forma, há de se consignar que, na maioria dos países onde o aborto foi legalizado, a mulher que resolve fazer a operação é obrigada a aguardar algum tempo para reflexão, em geral, uma semana, para que possa amadurecer a ideia, evitando o arrependimento tardio.

> Na Alemanha a mulher que desejar interromper a sua gravidez até as 12 semanas tem de passar por um conselho regulador do Estado que a aconselhará sobre as alternativas ao aborto, a que se segue um período de ponderação obrigatório de três dias.

> Entre os 20 dos 27 países da União Europeia onde é permitida a interrupção da gravidez a pedido da mulher, Bélgica, Finlândia, França, Hungria, Itália, Luxemburgo e Holanda adotaram requisitos semelhantes aos da Alemanha no que toca ao denominado 'aborto a pedido'.

---

58 PRADO, Danda. O que é aborto? São Paulo: Brasiliense, 1984, p. 54.

59 DWORDIN, Ronald. Domínio da Vida: aborto, eutanásia e liberdades individuais. São Paulo: Martins Fontes, 2003, p. 160.

60 BARRETO, Irineu Cabral. A convenção européia dos direitos do homem. Lisboa: Aequitas, 1995, p. 49.

"Na Bélgica, onde a interrupção é permitida nos primeiros três meses de gestação, nos casos em que a gravidez provoca na mulher um "estado de angústia", é obrigatório tanto o aconselhamento sobre as alternativas à IVG,[61] bem como o período de reflexão de seis dias. Na Finlândia, um ou dois médicos têm de atestar as razões de saúde mental e socioeconômicas para um aborto até às 12 semanas e a mulher tem de se sujeitar ao aconselhamento obrigatório sobre contracepção. Na Hungria, a IVG até as 12 semanas também é sujeita a aconselhamento e à consulta de planejamento familiar.

As italianas que desejarem abortar até as 12 semanas também têm de passar por um período de ponderação obrigatório de pelo menos uma semana. O mesmo quadro legal é praticado no Luxemburgo. Na Holanda, a reflexão prolonga-se por cinco dias e um médico tem de atestar que a mulher decidiu interromper a gravidez por sua exclusiva vontade.

Nos restantes 12 Estados que legalizaram o aborto a pedido da mulher – Áustria, Bulgária, República Checa, Dinamarca, Estónia, Grécia, Letónia, Lituânia, Roménia (até 14 semanas), Eslováquia, Eslovénia (até dez semanas) e Suécia (pode ir até às 18) –, não existem condicionalismos para por termo a uma gravidez, a não ser o tempo estipulado nas respectivas leis: regra geral, 12 semanas".[62]

Obviamente, portanto, nesses países que permitem o aborto vigora a escola natalista.

4. AS RELIGIÕES E O NASCITURO

Considerando que o Direito, em seu nascedouro, está umbilicalmente ligado à moral e à religião, além de outros sentimentos e

---

[61] Interrupção voluntária da gravidez.

[62] Disponível em: <http://www.dn.pt/inicio/interior.aspx?content_id=652146>. Acesso em: 14 abr. 2011.

princípios filosóficos e sociológicos, achamos, por bem, tecermos algumas considerações a respeito, principalmente, porque o Direito Brasileiro foi evidentemente influenciado pelo cristianismo e, mais particularmente, pelo Direito Canônico.

A maioria das nações contemporâneas é desvinculada das igrejas. Há países, entretanto, em que determinadas religiões são proibidas e outros onde a hierarquia religiosa se confunde com a hierarquia civil, acumulando, os seus chefes, o poder religioso e o poder político, como ocorre em alguns países islâmicos.

No Brasil, o Estado é absolutamente desvinculado de qualquer igreja, sendo que o art. 5.º, inciso VI, da Constituição da República Federativa do Brasil garante que "é inviolável a liberdade de consciência e de crença, sendo assegurado o livre exercício dos cultos religiosos e garantida, na forma da lei, a proteção aos locais de culto e suas liturgias".

As igrejas cristãs, católicas ou protestantes, fulcram suas doutrinas na fé, no respeito à vida humana e na igualdade de todos perante Deus. Na questão do aborto, o tema central de divergência entre elas é se ele pode ser admitido em determinadas circunstâncias ou não, e, a partir de que etapa de seu desenvolvimento intra-uterino, o nascituro seria um ser humano completo e vivo.

As descobertas científicas do final deste século não foram inteiramente assimiladas pela teologia.

A filosofia de Aristóteles influenciou de forma crucial o pensamento filosófico ocidental, bem como o cristianismo, sendo que a distinção que ele fez sobre os fetos, com alma e sem alma, foi a mais significativa. Ele afirmou que o feto masculino receberia sua alma aos 40 dias e o feminino aos 80. Com base nesse pensamento, concluiu que, se um feto sem alma fosse abortado, isso não seria considerado um assassinato.

Tomás de Aquino seguiu o mesmo conceito aristotélico afirmando que primeiro o feto é dotado de uma alma vegetativa, depois, de uma alma animal, em seguida, quando o corpo já se desenvolveu, de uma alma racional. Cada uma dessas "almas" eram componentes da alma que a sucede até que ocorra, enfim, a união definitiva alma-corpo.

No entanto, a Igreja Católica mantem uma punição para a interrupção da vida intra-uterina.

Na encíclica Matrimônio Cristão de Pio XI, em 1930, ficou determinado que o direito à vida de um feto é igual ao da mulher e toda medida anticoncepcional foi considerada um crime contra a natureza, salvo os métodos de abstinência sexual nos dias férteis.

Em 1976, o Papa Paulo VI disse que o feto tem pleno direito à vida, a partir do momento da concepção e que a mulher não tem nenhum direito de abortar, mesmo que para salvar a sua própria vida.

O Compêndio do Vaticano II, sob o título "A harmonização do Amor Conjugal com o Respeito à Vida Humana", decretou:

> Deus, com efeito, que é o Senhor da vida, confiou aos homens o nobre encargo de preservar a vida, para ser exercido de maneira condigna pelo homem. Por isso, a vida deve ser protegida com o máximo cuidado, desde a concepção. O aborto, como o infanticídio, é um crime nefando.[63]

O Código Canônico prevê no Cân. 1398: "Qui abortum procurat, effectu secutu, in excommunicationem latae sententiae incurrit" – "Quem provoca aborto, seguindo-se o efeito, incorre em excomunhão latae sententiae".

Para a Igreja Católica o cânone citado não faz nenhuma exceção quanto aos motivos do aborto. A excomunhão atinge, portanto, também os que realizam o aborto no caso de estupro da mulher, de deformidade do feto ou de perigo de vida da mãe. Só não considera aborto delituoso no caso do chamado "aborto indireto", ou seja, a ação em si boa, como, por exemplo, a extirpação de um tumor canceroso, da qual se segue o aborto, o que para nós é contraditório, pois, dependendo do estágio da gravidez, pode confundir-se com o aborto necessário.

---

[63] COMPÊNDIO DO VATICANO II. Coordenação Geral de Frei Frederico Vier. 5. ed. Petrópolis: Rio de Janeiro: Vozes, 1971, p. 201.

Dessarte, para os católicos, o nascituro é uma verdadeira pessoa, embora incompleta. O feto, por possuir uma vida verdadeiramente humana, já tem direito ao respeito dessa vida, embora ainda não tenha nenhum dever. Assim, para a Igreja Católica, o aborto não deve ser praticado nunca, exceto em consequência de um tratamento clínico ou cirúrgico, ligado a uma doença que representa perigo atual para a mãe.

Em certos casos essa inflexibilidade dos católicos gera uma perplexidade insuperável, pois nega a possibilidade de opção. Impedir a prática do aborto para salvar a mãe, muitas vezes, significa cercear a própria consciência do médico. Na impossibilidade de salvar duas vidas, permite a Igreja Católica que a mãe morra em detrimento do filho.

Já na doutrina religiosa dos protestantes, de um modo geral, há um leque maior de atitudes em relação ao aborto. São eles mais flexíveis do que os católicos. Geralmente as igrejas protestantes *não fundamentalistas* toleram o aborto necessário, ou seja, em casos de perigo para a vida da mãe ou da concepção resultante de estupro.

No Velho Testamento, o aborto é punido com a pena de indenização, conforme o pedido do marido e determinação dos juízes e, ainda, segundo parecer arbitral. Mas, se das lesões sofridas a mulher venha a falecer, o culpado deverá ser morto. Na verdade, a vítima era sempre o marido, porque o direito à indenização e de ver o culpado punido era sempre dele. Em Êxodo 21: 22-23 está expresso:

> 22 Se homens brigarem, e ferirem mulher grávida, e forem causa de que aborte, porém sem maior dano, será obrigado a indenizar segundo o que lhe exigir o marido da mulher e pagará como os juízes lhe determinarem.
>
> 23 Mas se houver dano grave, então darás vida por vida.

Como se vê, é a mais antiga notícia que se tem da indenização por danos morais, uma vez que o nascituro não era considerado coisa, nem pessoa, mas expectativa de pessoa. Ora, não sendo coisa, não há que se falar em dano material e, considerando que o nascituro era sem dúvida uma expectativa de pessoa, salta aos olhos que a indenização devida ao pai é de cunho exclusivamente moral, isto é, imaterial.

Mas o certo é que o cristianismo cultua e festeja muito mais a natalidade do que a concepção. Daí surgiu o Natal, a indicar o instante máximo da doutrina cristã, como a data do nascimento de Jesus Cristo.

Antes do nascimento, Cristo foi a maior expectativa dos cristãos, protagonista de grandes profecias.

É verdade que a Bíblia ressalta com grande ênfase o momento da concepção de Jesus e já o considerava como o filho de Deus concebido através do Espírito Santo, no entanto, na verdade, o que se cultua com maior ênfase é a data de seu nascimento. Há séculos que o Natal é notoriamente consagrado como a principal data religiosa dos cristãos.[64]

As religiões islâmicas, em geral, são desfavoráveis ao aborto.

Segundo Danda Prado, do ponto de vista judaico, que também fulcra sua doutrina na fé, no respeito à vida humana e na igualdade de todos perante Deus, se o aborto não é desejável, também não é considerado um assassinato, e, em todos os casos, é a saúde da mulher que prevalece.

De acordo com a mesma autora, nas religiões espíritas, em particular o kardecismo, todas concordam, de maneira geral, no que tange ao aborto, em considerá-lo um crime, mas por razões diversas daquelas apontadas pela religião católica. Veem nesse ato uma recusa aos desígnios de Deus. Ao mesmo tempo, consideram a vida do ser já existente como prioritária em relação ao ser que ainda não existe e, havendo risco para a mãe, a interrupção da gravidez pode ser praticada. O espírito, segundo sua doutrina, sempre existiu, desligando-se pela morte e reencarnando em outro corpo. Para eles, portanto, não há, no caso de um aborto, a

---

[64] A palavra natal é cognata dos vocábulos natalista e natalidade.

"morte" de um ser. O que existe é a frustração de um espírito que tem seu corpo abortado.[65]

5. O NASCITURO NA HISTÓRIA DO DIREITO BRASILEIRO

O conhecido historiador do século passado, Francisco Adolfo de Varnhagen, se manifestou sobre os aborígines encontrados no Brasil pelos portugueses quando do descobrimento, da seguinte forma *in verbis*:

> A jurisprudência indiana, se assim lhe podemos chamar, reduzia-se a mui poucos princípios. A geração se regulava pela do pai, em relação com o que se nota em alguns povos bárbaros da África. A mãe só era considerada, à maneira dos antigos Egípcios, como guarda ou depositária do feto, até dar à luz, e nenhuns deveres contraía com ela o filho que amamentava. O pai denominava ao filho taíra ou 'o procedente de seu sangue'; e a mãe chamava-lhe membira, 'o seu parido', o procedente de seu seio.[66]

A citação foi feita a título de curiosidade histórica, o que não deixa de ser significativa diante do tema, mas a verdade é que a legislação do Brasil civilizado teve por origem imediata as Ordenações do Reino de Portugal, cuja formação histórica teve por base o Direito Romano e influenciadas pelo Direito Canônico e pelo Direito Germânico.

Destarte, a Ordem Jurídica Brasileira, inicialmente, foi regrada pelas Ordenações do Reino de Portugal, principalmente as Filipinas que, por sua vez, serviram de base imediata às leis brasileiras.

Dessa forma, a mesma perplexidade, quanto ao início da personalidade civil do homem, provinda do Direito Romano, foi traduzida no Direito Brasileiro.

---

[65] PRADO, Danda. Op. cit., p. 67.
[66] VARNHAGEN, Francisco Adolfo de. História geral do Brasil. 9. ed. integral, Comemorativa do centenário de falecimento do autor. São Paulo: Melhoramentos, 1978, p. 47.

A doutrina de então entendia que nas Ordenações, debaixo da palavra filhos, se compreendiam também os nascituros, ou seja, os filhos por nascer, quando se referia ao pai que morria deixando filhos.[67] Mas, ao mesmo tempo, as Ordenações Filipinas, no Título LV, no qual tratou das pessoas que deviam ser havidas por naturais do Reino de Portugal, pontificou deste modo:

> para que cessem as dúvidas que podem succeder sobre quaes pessoas que devam ser havidas por naturaes destes Reinos de Portugal e Senhorios delles, para effeito de gozarem dos privilégios, graças, mercês e liberdades concedidas aos naturaes delles ordenamos e mandamos, que as pessoas, que não nascerem nestes Reinos e Senhorios delles, não sejam havidas, por naturaes delles, postoque nelles morem e residam, e casem com mulheres naturaes delles, e nelles vivam continuadamente, e tenham seu domicílio e bens.[68]

Dessa forma, resta óbvio que, para que alguém tivesse direitos no Reino de Portugal, se fazia necessário o nascimento com vida, uma vez que só o nascido no reino gozaria de suas mercês e liberdades.

Entretanto, não restam dúvidas de que os mais notáveis doutrinadores brasileiros anteriores à vigência do Código Civil, eram adeptos da escola concepcionista, tais como Teixeira de Freitas, Nabuco e Clóvis Bevilácqua.

Assim Teixeira de Freitas, em seu "Esboço do Código Civil", dispunha no art. 221: "Desde a concepção no ventre materno começa a existência das pessoas naturais, e, antes do nascimento, elas podem adquirir alguns direitos como se já tivessem nascidas."

Tomás Nabuco, em seu anteprojeto, estabeleceu que "as pessoas por nascer" são absolutamente incapazes, definindo

---

[67] ORDENAÇÕES FILIPINAS. IV Livro. Reedição "fac-símile" da edição feita por Cândido Mendes de Almeida em 1870. Rio de Janeiro: Fundação Galouse Gulbenkian, Título LXXXII, "Quando no testamento o pai não faz menção do filho, ou o filho do pai, e dispõe somente da terça", M.-liv. 4, t. 70, § 4.º, p. 914.

[68] ORDENAÇÕES FILIPINAS. Op. cit., II Livro, Título LV, "Das pessoas, que devem ser havidas por naturaes desses Reinos", p. 489.

que "pessoas por nascer" são as que já estão concebidas no ventre materno.

Finalmente, Clóvis Bevilácqua, em seu anteprojeto, estatuiu: "A personalidade civil do ser humano começa com a concepção, sob a condição de nascer com vida".

Entretanto, pensamos que esses grandes nomes eram concepcionistas, muito mais por ideologia filosófica, por influência do Direito Canônico, que disseminava as mentes dos filósofos do momento, do que por concepção jurídico-legislativa.

O motivo de assim pensarmos é porque na época fervilhava, nas mentes daqueles juristas, o ideal de um Código Civil Brasileiro, que deveria se aproximar da realidade do tempo quanto ao nascituro, quando a igreja considerava-o *pessoa*, ainda que embrionária. A Igreja sempre o considerou pessoa, desde os tempos mais remotos, influenciando os juristas de então de forma iniludível.

O próprio Clóvis Bevilácqua, autor do anteprojeto, em relação à sua teoria concepcionista, reconheceu que o Código Civil acabou adotando a tese natalista, ao assim se manifestar:

> Apesar da lógica irrecusável, que sustenta esta opinião, é certo que a opinião contrária é a dominante e por ela se declarou o Código Civil Brasileiro, art. 4.º: 'A personalidade civil do homem começa do nascimento com vida; mas a lei põe a salvo desde a concepção os direitos do nascituro'.[69]

Portanto, mesmo o festejado Clóvis, expoente máximo da doutrina concepcionista, admitiu, expressamente, que o Direito Positivo Brasileiro adotou a escola natalista.

Realmente, o Código Civil Brasileiro distanciou-se por completo do anteprojeto de Bevilácqua e passou a seguir a corrente favorável ao início da personalidade a partir do nascimento com vida. No entanto, não restam dúvidas de que o art. 4.º, do Código de 1916, ficou truncado com duas orações que parecem contradi-

---

[69] BEVILÁCQUA, Clóvis. Teoria geral do direito civil... cit., p. 78.

tórias, dando margem a que se multiplicassem as perplexidades já existentes ao tempo do Direito Romano.

O artigo 2° do Código Civil de 2002 corresponde ao art. 4° do Código de 1916 e se manteve com as mesmas perplexidades embora tenha avançado, substituindo a palavra "homem", cujo conceito é biológico, por um termo conceitualmente jurídico "pessoa". Destarte, o conceito de pessoa no mundo jurídico não coincide com o termo "ser humano" que tem às claras conceito biológico. O conceito do termo jurídico "pessoa" mudou diversas vezes no tempo. Na antiguidade e no Renascimento, por exemplo, alguns homens, seres humanos, eram escravos, tendo valor econômico e assim considerados "coisas".

6. A PERSONALIDADE CIVIL, A LITERATURA E AS FICÇÕES JURÍDICAS

O Direito está impregnado de ficções desde a Antiguidade. São exemplos disso os filhos adotivos, as pessoas jurídicas, sejam públicas ou privadas, o início da maioridade civil e penal, que vem sendo alterada constantemente na história. Podemos citar, ainda, a moeda fiduciária, o princípio de que não é dado a ninguém desconhecer a lei,[70] a presunção de publicidade dos registros públicos, as intimações públicas inclusive processuais, além do *princípio* de que todos são iguais perante a lei.[71] Nesse diapasão, o próprio Estado é uma ficção jurídica.

---

[70] Arts. 3° e 4° da Lei de Introdução do Código Civil (Decreto-lei n 4.657, de 4.9.1942)

[71] Cf. SILVEIRA, Daniel Barileda. *Patrimonialismo e a formação do estado brasileiro*: uma releitura do pensamento de Sergio Buarque de Holanda, Raymundo Faoro e Oliveira. Disponível em: <http://www. conpedi. org.br/manaus/arquivos/ Anais/Daniel%20Barile%20da%20Silveira.pdf>. Acesso em: 31 mar. 2010; TUMANOV, Vladimir. *O pensamento burguês contemporâneo*.: Portugal: Caminho, 1985, p. 16-22 (Coleção Universitária, v. 10); MACHADO, Edgar da Mata. *Elementos de teoria geral do direito*: introdução ao direito. 4. ed. Ed. UFMG: Belo Horizonte, 1995, p 118-122; COMPARATO, Fábio Konder. *Ética, direito, moral*

Na Antiguidade, o escravo não era considerado pessoa, uma vez que as normas jurídicas não o consideravam centro de direitos e deveres e, consequentemente, não era portador de personalidade jurídica.[72] Já as primeiras pessoas jurídicas modernas, tais como as conhecemos hoje, apareceram com o advento do mercantilismo, fato sobejamente conhecido pelos comercialistas.

Na teoria de vários juristas contemporâneos, dentre eles Richard Posner e Ronald Dworkin, que relacionam a interpretação jurídica com a interpretação literária, podemos destacar que, para eles, o conceito de ficção deve ser entendido como uma afirmação sabidamente inverídica, mas que se distingue da falsidade, da mentira e do engano. Nos dizeres de Riccardo Guastini,[73]

> as proposições que compõem, por exemplo, um romance (ou um texto teatral) não são pelo autor (ou pelos autores) 'asseveradas' ou 'afirmadas', como verdadeiras, mas são – por assim dizer – 'apresentadas' sem nenhum empenho, como proposições nem verdadeiras, nem falsas, simplesmente narradas. Mesmo as chamadas ficções jurídicas, ou ao menos algumas delas, parecem escapar à dita caracterização.[74]

Podemos dizer, outrossim, que nenhum conhecimento é ilha, por isso, sempre depende de outro para se comunicar ou dizer de si próprio ou dos outros. O direito e a literatura são, portanto, novos espaços interdisciplinares para refletirmos sobre questões como a natureza do Direito.[75]

---

e religião no mundo moderno. 2. ed. São Paulo: Cia das Letras, 2006, p. 604-609; OLIVEIRA, Miceli Alcântara de Oliveira. *Direito de autodeterminação sexual*. São Paulo: Juarez de Oliveira, 2003; DIAS, Maria Berenice (Coord.). *Diversidade sexual e direito homoafetivo*. São Paulo: Ed. Revista dos Tribunais, 2011.

[72] *Vide* FUSTEL DE COULANGES. *A cidade antiga*. São Paulo: Martins Fontes, 1981, p 115-120.

[73] GUSTINI, Riccardo. *Das fontes às normas*. Tradução de Edson Bini. São Paulo: Quartier Latin, 2005, p. 205.

[74] GUSTINI, Riccardo. *Das fontes às normas*. Tradução de Edson Bini. São Paulo: QuartierLatin, 2005, p. 206.

[75] Cf. TRINDADE, KARAM André; GUBERT Roberta Magalhães; COPETTI NETO Alfredo (Org.). *Direito e Literatura*: discurso, imaginário e normatividade. Porto Alegre: Núria Fabris, 2010, p. 404.

Destarte, assim como na literatura, também no Direito e no que toca às ficções jurídicas, podemos dizer que em alguns contextos, elas também denotam afirmações sabidamente inverídicas, tais como, quando classificam certas entidades jurídicas consideradas fictícias, como nos casos já exemplificados do Estado enquanto pessoa, as pessoas jurídicas particulares em geral, o parentesco por afinidade,[76] e assim, também, a personalidade jurídica da pessoa natural, que é definida pelo art. 2º do Código Civil, constituído por duas orações coordenadas adversativas, e não subordinadas uma à outra, que se abstêm do conceito biológico.

Quando Dworkin faz um paralelo entre Direito e Literatura, afirma que os juízes são igualmente autores e críticos, no sentido de que eles interpretam e criam o direito, uma vez que introduzem acréscimos na tradição que interpretam.[77]

Modernamente, pois, é o nascimento, sem qualquer dúvida, o marco inicial do que se denomina juridicamente personalidade civil.

Tudo o que acabamos de expor a respeito do nascituro, que de uma forma ou de outra restou aludido nos votos que julgaram improcedente a Ação Direta de Inconstitucionalidade n. 3.510-0, que tramitou no STF, podemos do mesmo modo estender à personalidade jurídica do embrião humano criopreservado. Este nem mesmo é nascituro.

---

[76] MIRANDA, Pontes de. *Tratado de direito de família*. 3. ed. Rio de Janeiro: Max, 1947, p. 21.

[77] DWORKIN, Ronald. *O império do direito*. São Paulo: Martins Fontes, 2003, p. 271-275.

Capítulo III

O nascituro no Direito Civil Brasileiro

1. O ARTIGO 2.º DO CÓDIGO CIVIL BRASILEIRO

O nosso Código Civil trata do início da personalidade em seu artigo 2.º, cujo conteúdo formado por duas orações parece pecar por contradição.

> Art. 2.º A personalidade civil da pessoa começa do nascimento com vida; mas a lei põe a salvo desde a concepção os direitos do nascituro.

O artigo, como se vê, divide-se em duas partes, separadas em duas orações, cada uma das quais indicando adotar uma das doutrinas a respeito dos direitos do nascituro. Parecem, por isso, estabelecer normas contraditórias entre si. Mas, assinale-se, isso ocorre só aparentemente, como se verá.

À primeira vista, tudo faz crer que na primeira parte do artigo o Código adere à escola natalista, para logo a seguir, na segunda parte, parecer aderir à escola concepcionista.

Considerando-se que, juridicamente, são pessoas apenas aqueles que são sujeitos de direitos, e que a personalidade é um atributo das pessoas, o artigo 2º estabelece normas aparentemente contraditórias entre si. Uma ao reverso da outra: esta repelindo aquela, anulando-se mutuamente. Diante disso, impõe-se uma interpretação sistemática, sob pena de negar-se vigência ao próprio artigo de lei.

Muita doutrina, embora miseranda jurisprudência, tem contribuído para aumentar a perplexidade, por discernirem confusamente uma parte da outra e não precisarem os limites exatos entre esta e aquela.

Quando se afirma que o nascimento com vida empresta universalidade à personalidade civil do homem, não há que se discutir, nem dúvidas enseja .

Quando, porém, se afirma que a lei põe a salvo, desde a concepção, os direitos do nascituro, aí não; aí, parecem surgir os encontros, a confusão, os repelões, um contraditório que aniquilaria a própria norma estabelecida.

Se outorgássemos à segunda oração da norma assomada um poder sem raias e sem confins, estaríamos asseverando nela o inteiro teor da primeira, pois, se o nascituro fosse irrestritamente sujeito de direitos, a personalidade civil do homem começaria da concepção e não do nascimento, contradizendo expressamente a primeira oração do artigo em palco.

Assim, se a segunda parte do artigo abrangesse todas as províncias da primeira, a conclusão lógica, sem maior raciocínio, será a absorção completa desta por aquela. Dessarte, o mandamento do artigo 2.º ficaria constituído, então, apenas pela segunda parte, e a primeira quedaria abundante no Código Civil.

Ora, sabe-se que a lei não contém palavras inúteis e muito menos poderá conter orações inteiras sem utilidade. Caso tomás-

Os Direitos do Nascituro

semos por correta a doutrina concepcionista, a primeira oração do art. 2.º restaria totalmente inútil no sistema jurídico brasileiro, o que é, sem dúvida, uma heresia. Uma verdadeira teratologia.

Emprestar-se ao nascituro, sem discriminações, os atributos próprios ao nascido, prejudicando a primeira parte do artigo 2.º citado, será atribuir-lhe as qualidades de pessoa apta, passiva e ativamente.

Sapiente que é, não foi isso que quis a lei.

As duas partes do citado artigo, inteligentemente, discriminaram duas situações, em duas orações coordenadas e independentes.

Consoante o gramático *Domingos Paschoal Cegalla*, "a palavra 'mas' configura uma conjunção adversativa, que exprime oposição, ou seja, idéias opostas e como exemplo oferece o seguinte: querem ter dinheiro, mas não trabalham".[78]

Infere-se disso que o legislador, ao inserir o vocábulo "mas" dividindo as duas orações do art. 2.º do Código Civil, transformou-as em orações adversativas, embora uma não seja subordinada à outra, já que ambas têm significados próprios e independentes, e assim, pode-se dizer que são orações coordenadas, adversativas.

Segundo os nossos melhores gramáticos, uma oração é subordinada à outra quando não tem significado próprio e independente da oração subordinante. No caso do art. 2.º, as duas orações são independentes uma da outra, e assim, sendo duas orações coordenadas, devem ser interpretadas sistematicamente, sob pena de uma fatalmente anular a outra. Repita-se, são orações coordenadas.

De tudo isso, conclui-se inexoravelmente que "pôr a salvo, desde a concepção, os direitos do nascituro", não é o mesmo que lhe conceder os direitos próprios do nascido.

Em gramática, denomina-se locução adjetiva a expressão formada por uma preposição somada e anteposta a um substantivo,

---

[78] CEGALLA, Domingos Paschoal. *Novíssima Gramática da Língua Portuguesa*. 31. ed. São Paulo: Ed. Nacional, 1989, p. 245.

com valor de adjetivo. Nesse sentido, vale dizer que a expressão "do nascituro" é classificada em gramática como locução adjetiva, em que o substantivo "nascituro" anteposto pela preposição "do" vem com valor de adjetivo, já que está adjetivando o substantivo plural "direitos". Ora, é sabido que a locução adjetiva serve para qualificar e dar uma característica ao substantivo. Disso, observa-se que o substantivo "direitos" é caracterizado e qualificado como aqueles taxativos do nascituro.

Consoante *Aurélio Buarque de Holanda*, o verbo "pôr" significa colocar (em algum lugar). Segundo o mesmo dicionarista, a frase "a salvo" significa sem perigo; com segurança: "Deus te leve a salvo, brioso e altivo barco" (José de Alencar, Iracema, p. 50)."[79] E de acordo com Francisco Fernandes, em seu Dicionário de Verbos e Regimes, da Editora Globo, "pôr a salvo" significa livrar de perigo ou responsabilidade.

Infere-se disso, que o art. 2.º ao dizer que *a personalidade civil da pessoa começa do nascimento com vida; mas a lei põe a salvo, desde a concepção, os direitos do nascituro*, não teve a intenção de conceder direitos atuais ao nascituro, mas, sim, a de colocá-los (em algum lugar) "a salvo" de quaisquer perigos eventuais ou iminentes, resguardando-os e vigiando-os, como expectativas, caso haja o nascimento com vida.

Na lição de *Pontes de Miranda*:

> (...) uma vez que os homens não adivinham e é de presumir-se que nasçam com vida os já concebidos, o sistema jurídico ressalva, desde a concepção os direitos do nascituro. Entre presumir-se que nasça morto e presumir-se que nasça vivo, tudo – cálculo de probabilidade, política legislativa, eqüidade – aconselha a ter-se por mais provável o nascimento com vida.[80]

Os direitos do nascituro, para não afrontarem o caráter universal dos direitos do nascido, para não contradizerem a primeira

---

[79] FERREIRA, Aurélio Buarque de Holanda. *Novo Dicionário da Língua Portuguesa.* 2. ed. Rio de Janeiro: Nova Fronteira, 21 imp., p. 1543.

[80] PONTES DE MIRANDA, F. C. Op. cit., t. I, p. 179.

parte do artigo 2.º do Código Civil, e para protegerem seus prováveis interesses durante o período da gestação, restringem-se e limitam-se àqueles que são especificadamente previstos na lei, tais como os alimentos gravídicos na atualidade. É a taxatividade dos direitos do nascituro, tão combatida sofismaticamente pelos concepcionistas.

Com efeito, é de se ver que a segunda parte do texto do artigo 2.º do Código Civil constitui-se da expressão "os direitos do nascituro", com a marcante presença do artigo definido plural "os", como a indicar que se tratam de direitos definidos pela lei e por ela previstos taxativamente.

Assim, o artigo não se refere genericamente "a direitos do nascituro", como afirmou uma renomada defensora da escola concepcionista, que ao comentar o assunto, incluiu uma inexistente e imprópria preposição "a" e excluiu o artigo definido usado pelo Código.[81] Ora, o art. 2.º usa o artigo definido plural "os" para indicar que são apenas aqueles direitos definidos expressamente pela lei.

Conforme o gramático *Celso Cunha*, na língua contemporânea o artigo definido é, em geral, um mero designativo. Quando anteposto a um substantivo comum, serve para determiná-lo, ou seja, para apresentá-lo isolado dos outros indivíduos ou objetos da espécie.[82]

É verdade que a lei não colocou as palavras só, somente, apenas e outras similares para indicar a taxatividade dos direitos do nascituro.

Acontece que, para adotar a teoria concepcionista, a lei também não dispôs o então artigo 4.º[083] apenas da segunda parte, isto é, "a personalidade civil do homem começa da concepção", como seria de rigor, caso a tivesse adotado.

Os direitos do nascituro são, portanto, aqueles que se acham expressa e taxativamente previstos na lei, e dentre os quais, à gui-

---

[81] ALMEIDA, Silmara J. A. Chinelato e. Op. cit., p. 186.
[82] CUNHA, Celso. *Gramática de Base*. 2. ed. Fename, 1981, p. 137.
[83] Atual art. 2º do Código Civil.

sa de exemplos, encontram-se: a posse da herança em nome do nascituro; curatela do nascituro; reconhecimento de paternidade; proteção à vida do nascituro pela punição do aborto provocado[84] e os alimentos gravídicos.

Caso o Código Civil tivesse adotado a teoria concepcionista, não haveria nenhuma necessidade de fixar, um por um, os direitos do nascituro, pois, sendo ele considerado pessoa, teria todos os direitos inerentes à personalidade civil plena. Inclusive, matar o nascituro seria obviamente um homicídio.

Consequentemente, uma e outra parte do recitado artigo 2.º mostram que, enquanto o nascido dispõe dos direitos que lhe empresta a personalidade civil, o nascituro, mera expectativa de pessoa, goza apenas da proteção previamente demarcada e expressamente especificada no texto da lei.

Se a lei prevê o fato, protege-se o direito do nascituro, mas, se o fato não é previsto em lei, não há que se lhe outorgar direito subjetivo algum.

A afirmação de que nascendo vivo o ente humano é como se tivesse existido desde a concepção para aquilo que lhe é juridicamente proveitoso, não deve ser generalizada, sob pena de induzir à falsa compreensão de uma antecipação de personalidade. Essa afirmação não pode ser considerada princípio de direito que se possa aplicar livremente. Deve ela ser entendida no sentido de que não inspire o reconhecimento de direitos ao nascituro como tal, mas, sim, que os reserve para o caso de vir a nascer com vida. Não podemos deixar de considerar excepcionais os casos em que se concede tutela jurídica ao embrião, na possibilidade de surgir um novo sujeito de direitos depois do nascimento com vida.

Sob outro prisma, como se vê dos artigos 3.º e 4.º do Código Civil Brasileiro, diferentemente do artigo 54 do Código Argentino, não está incluída a figura do nascituro como absolutamente incapaz e, nem como relativamente incapaz.

---

[84] Não é homicídio.

Portanto, comparando esses artigos com o artigo 54 do Código Argentino e, outrossim, comparando o artigo 2.º do diploma civil brasileiro com o artigo 70 do estatuto argentino, salta aos olhos que a lei brasileira adotou a teoria natalista e não a concepcionista.

Não estando o nascituro entre os incapazes e, obviamente, não sendo ele capaz, outra dedução não há, a não ser a de que ele não é pessoa no direito pátrio. É que, não sendo ele um ente incluído entre os incapazes e não sendo menor de idade e nem maior de idade, a conclusão lógica, irrefutável, evidente e sistemática, é a de que ainda não existe como pessoa; nem sequer pode-se dizer que tenha idade.

Consoante *Serpa Lopes*, o critério adotado pelo nosso direito foi o romano, ou seja, do início da personalidade com o nascimento com vida. Antes do nascimento, portanto, o feto não possui personalidade. Não passa de uma *spes hominis*.[85]

Até os dias de hoje, a doutrina pátria, majoritariamente, manteve-se fiel ao entendimento que, no Direito Brasileiro, só é pessoa aquele que nascer com vida. De acordo com este entendimento estão os mais festejados doutrinadores clássicos e modernos do Brasil. Entre eles, nomes da envergadura de *Caio Mário da Silva Pereira, Silvio Rodrigues, Washington de Barros Monteiro, Arnoldo Wald, Humberto Theodoro Júnior* e *Luis Roberto Barroso*.

Nesse sentido, *Caio Mário da Silva Pereira* está a dizer que "pelo nosso direito, portanto, antes do nascimento, não há personalidade. Mas a lei cuida, em dadas circunstâncias, de proteger e resguardar os direitos do nascituro".[86]

Na enfática lição de *Silvio Rodrigues* sobre o tema, nascituro é o ser já concebido, mas que se encontra no ventre materno. A lei não lhe concede personalidade, a qual só lhe será conferida

---

[85] LOPES, Miguel Maria de Serpa. *Curso de direito civil*. Revisto e atualizado pelo Professor José Serpa Santa Maria. 8. ed. Rio de Janeiro: Freitas Bastos, 1996, v. I, p. 289.

[86] PEREIRA, Caio Mário da Silva. *Instituições de direito civil*. 7. ed. Rio de Janeiro: Forense, 1993, v. I, p. 160.

se nascer com vida. Mas, como provavelmente nascerá com vida, o ordenamento jurídico desde logo preserva seus interesses futuros, tomando medidas para salvaguardar os direitos que, com muita probabilidade, em breve serão seus.[87]

Por sua vez, ensina *Washington de Barros Monteiro* que adotou o nosso legislador a primeira solução: a personalidade começa do nascimento com vida; nem por isso, entretanto, são descurados os direitos do nascituro.[88]

De outra forma, *Arnoldo Wald*, com a sua magistral e costumeira concisão, expressa:

> (...) atualmente toda pessoa desde o nascimento até a sua morte, é considerada capaz de direito. O direito pátrio exige tão-somente o nascimento com vida, não se referindo aos requisitos romanísticos de viabilidade e de forma humana que são mantidos em algumas legislações estrangeiras (...) o nascituro não é sujeito de direito, embora mereça a proteção legal, tanto no plano civil como no plano criminal.[89]

Humberto Theodoro Júnior, por meio de uma oração simples, definiu com inteira precisão o seu pensamento, *in verbis*: "Pelo art. 4.º do Código Civil[90] o nascituro não é pessoa, mas seus interesses são ressalvados e tutelados desde a concepção, caso venha a ocorrer seu nascimento com vida."[91]

Com a constitucionalização do direito civil, não há mais como estudar o assunto, sem se ter em mira o Direito Constitucional.

---

[87] RODRIGUES, Silvio. *Direito civil*. Parte geral. 26. ed. São Paulo: Saraiva, 1996, v. I, p. 38.

[88] MONTEIRO, Washington de Barros. *Curso de direito civil*. Parte geral. 28. ed. São Paulo: Saraiva, v. 1, 1995, p. 58.

[89] WALD, Arnoldo. *Curso de direito civil brasileiro*. Introdução e parte geral. 6. ed. São Paulo: RT, 1989, p. 106.

[90] O jurista se referia ao então art. 4º do Código Civil de 1916.

[91] THEODORO JÚNIOR, Humberto. *Curso de direito processual civil*. 12. ed. Rio de Janeiro: Forense, 1994, v. II, p. 523.

Sem dúvida, após 1988 a Constituição Federal passou para o centro da ordem jurídica, de onde foi deslocado o Código Civil,[92] motivo pelo qual não se pode interpretar o direito civilístico sem ter por mira a carta magna.

A constitucionalização do direito privado propiciou uma abordagem valorativa do direito que deve cumprir sua função social e resguardar sempre a dignidade da pessoa humana. A socialidade passou a ser um dos princípios basilares da nova Carta Civil brasileira e é assim que o Supremo Tribunal Federal vem aplicando o direito conforme a Constituição.

O pluralismo da sociedade pós-moderna impõe que se deva respeitar o direito das minorias, para que não sejam massacradas pela maioria. É dessa forma que as democracias modernas e civilizadas também vêm interpretando suas constituições.

Para o constitucionalista *Luis Roberto Barroso*,

> O Código Civil de 2002, reproduzindo normas do Código de 1916, assim dispôs:
>
> Art. 1º. Toda pessoa é capaz de direitos e deveres na ordem civil.
>
> Art. 2º. A personalidade civil da pessoa começa do nascimento com vida; mas a lei põe a salvo, desde a concepção, os direitos do nascituro.
>
> Portanto, é a partir do nascimento com vida que surge a *pessoa humana*, com aptidão para tornar-se sujeito de direitos e deveres. Nada obstante, a lei resguarda, desde a concepção, os direitos do *nascituro*. Semanticamente, nascituro é o ser humano já concebido, cujo nascimento se espera como *fato certo*. Os civilistas chamam a atenção, no entanto, para o fato de que este ser deverá estar em desenvolvimento *no útero da mãe*. Note-se que o novo Código Civil, embora tenha sido promulgado em 2002, resultou de projeto de lei que foi discutido em um período no qual não era possível separar o embrião do corpo da mulher. Esta possibilidade só surgiu quando do advento da técnica da fertilização*in vitro*. Aparentemente, circunstâncias da tramitação

---

[92] BARROSO, Luís Roberto. *O Novo Direito Constitucional Brasileiro*: contribuições para a construção teórica e prática da jurisdição constitucional no Brasil. Belo Horizonte: Editora Fórum, 2012, p. 32.

leslativa do projeto já não permitiram *reabrir* o texto para tratamento específico do ponto.[93]

Na Ação *Direta de Inconstitucionalidade 3.510-0, o Supremo Tribunal Federal declarou constitucional o art. 5º da Lei n. 11.105 de 24 de março de 2005, permitindo a pesquisa e terapia com células-tronco de embriões humanos, refutando o argumento que defende a personalidade civil desde a concepção.*

O Ministro Carlos Ayres Britto, na referida Ação Direta de Inconstitucionalidade, em seu voto vencedor, no item 19, assim se manifestou:

> Falo 'pessoas físicas ou naturais', devo explicar, para abranger tão-somente aquelas que sobrevivem ao parto feminino e por isso mesmo contempladas com o atributo a que o art. 2º do Código Civil Brasileiro chama de 'personalidade civil', *literis*. 'A personalidade civil da pessoa começa do nascimento com vida; mas a lei põe a salvo, desde a concepção, os direitos do nascituro'. Donde a interpretação de que é preciso vida pós-parto para o ganho de uma personalidade perante o Direito (teoria 'natalista' portanto, em oposição às teorias da 'personalidade condicional' e da "concepcionista").

Para julgar a ADIn 3.510-0 o relator Ministro Carlos Ayres Britto, cujo voto foi vencedor, teve que adentrar na discussão das escolas natalista e concepcionista, uma vez que se discutia a utilização de embriões humanos para pesquisa e terapia, previstas na Lei de Biossegurança, uma vez que o nascituro é o ente mais próximo do embrião congelado. Nesse voto, o ministro demonstra claramente que prevalece no direito brasileiro, a teoria natalista da personalidade civil, como se vê de uma parte do referido voto transcrito acima.

Conclui-se então, que com esta decisão do STF que permitiu a pesquisa e terapia com células-tronco embrionárias humanas, em junção com a decisão da Ação de Descumprimento de Preceito Fundamental 54 (Antecipação Terapêutica do Parto), coloca-se

---

[93] BARROSO, Luís Roberto. *Temas de Direito Constitucional.* Tomo IV. São Paulo: Renovar, 2009, p. 635-636.

fim na posição dos doutrinadores adeptos das teorias da "personalidade condicional" e da "concepcionista", em confronto com a escola natalista da personalidade civil.

Ressalte-se que consoante a dicção do art. 102, § 2º, da Constituição Federal, está determinado que as decisões definitivas de mérito, proferidas pelo Supremo Tribunal Federal, nas ações diretas de inconstitucionalidade, produzirão eficácia contra todos e efeito vinculante.

A nosso ver, seguindo a doutrina de Marinoni, também os fundamentos usados pelos Ministros que foram determinantes para o julgamento das ações diretas de inconstitucionalidade têm efeito vinculativo, pois, o tribunal não revela o seu entendimento apenas no dispositivo, porquanto no desenvolvimento da fundamentação deve-se fixar os critérios efetivamente capazes de permitir a identificação da *ratio decidendi*, para demonstrar o efetivo pensamento do tribunal acerca da questão constitucional levada ao seu conhecimento[94].

Afirma Luiz Guilherme Marinoni, que coube ao Ministro Gilmar Mendes o grande mérito de ter desenvolvido esse assunto a partir do direito alemão. Aludindo à ideia de eficácia transcendente da motivação, o Ministro fez ver que essa eficácia está umbilicalmente ligada à própria natureza da função desempenhada pelos tribunais constitucionais, além de ser absolutamente necessária à tutela da força normativa da Constituição.[95]

Quanto ao direito constitucional estadunidense, relata Ronald Dworkin, que um estado federado norte-americano não tem o poder de declarar que o feto seja uma pessoa ou proteger seus interesses à custa dos direitos constitucionais dos cidadãos.[96]

---

[94] Cf. MARINONI, Luiz Guilherme. *Precedentes Obrigatórios*. 2. ed. São Paulo: Revista dos Tribunais, 2011, p. 272.

[95] MARINONI, Luiz Guilherme. *Precedentes Obrigatórios*. 2. ed. São Paulo: Revista dos Tribunais, 2011, p. 272.

[96] DWORDIN, Ronald. *Domínio da Vida*: aborto, eutanásia e liberdades individuais. São Paulo: Martins Fontes, 2003, p.160.

2. OS DIREITOS DOS PAIS DE RECONHECEREM A PATERNIDADE DO FILHO NASCITURO

O Código Civil no artigo 1609, parágrafo único, estabelece que o reconhecimento voluntário do filho pode preceder o nascimento, ou suceder-lhe ao falecimento, se ele deixar descendentes. Destarte, significa dizer que o pai pode reconhecer o filho antes do nascimento.

O texto legal colacionado estabelece quatro modos de reconhecimento: a) no registro do nascimento; b) por escritura pública; c) por testamento; e d) por manifestação expressa e direta perante o juiz, ainda que o reconhecimento não haja sido o objeto único e principal do ato que o contém.

Sem adentrarmos ainda no instituto da mãe de substituição, conforme a melhor doutrina, esses modos de reconhecimento referem-se ao pai e à mãe, ainda que a aplicação mais corriqueira refira-se ao pai, uma vez que a maternidade constará, normalmente, do registro, consoante ensina Clóvis Bevilácqua.[97]

Carvalho Santos leciona no mesmo sentido:

> Como a maternidade é sempre notória, a dizer, consta sempre do termo de nascimento, caso em que se dispensa o reconhecimento, é natural, o artigo de lei se aplicará mais vezes com referência à paternidade, o que não significa, todavia, que não se aplique também à maternidade, sempre que o nome da mãe não conste do termo de nascimento.[98]

Conforme se infere da dicção do artigo citado, em relação ao nascituro, o reconhecimento só poderá se dar por escritura pública ou por testamento, uma vez que o outro modo elencado na lei é o reconhecimento no termo de nascimento.

---

[97] BEVILÁCQUA, Clóvis. *Código Civil comentado.* 7. ed. Rio de Janeiro: Francisco Alves, 1943, v. II, p. 326.

[98] SANTOS, J. M. Carvalho. Op. cit., v. V, p. 435.

Com o instituto da mãe de substituição, observa-se que em muitas novas situações, de igual modo, também poderá caber à mãe reconhecer a maternidade do filho ainda por nascer, como já era possível no sistema de 1916. Assim, principalmente, sob a luz do novel instituto, a mãe poderá reconhecer o filho nos mesmos moldes do pai. Atualmente, a mãe pode além de pleitear o reconhecimento da própria gravidez, também requerer o reconhecimento do filho ainda por nascer, no ventre da mãe substituta.

Pensamos que o direito ao reconhecimento não é conferido propriamente ao nascituro, mas a quem o reconhece. É que os genitores, por questão de cautela e de sentimento humano, têm o direito de reconhecer o filho antes que ele nasça. Assim entende-se, porque a lei civil não elenca o direito do nascituro de pleitear o reconhecimento da paternidade e da maternidade. No sistema anterior já havia vários acórdãos nesse sentido. É que o direito de investigar a paternidade não está expresso em lei a favor do *infans conceptus*. Por conseguinte, sendo um direito personalíssimo, nos termos do artigo 27 da Lei n. 8.069/90, ninguém pode pleiteá-lo por eles. Disso, depreende-se que o direito é primeiramente dos pais de reconhecerem o próprio filho antes de nascer. Os filhos, mesmo que menores, têm o direito personalíssimo de pedir o reconhecimento de paternidade, ainda que representados por quem de direito, pois, já têm personalidade civil plena, embora não tenham capacidade absoluta para pleiteá-lo sem um representante.

Corroborando esse entendimento, afirma *Carvalho Santos*:

> (...) a permissão do reconhecimento antecipado da prole tem como fundamento: o temor do pai de morrer antes de nascer o seu filho, ou de achar-se por outro qualquer motivo (interdição por loucura, etc.) impedido de fazê-lo após o nascimento; e a incerteza da mãe escapar do próprio parto, sobrevindo-lhe o filho: neste caso, a declaração de gravidez equivale ao reconhecimento do filho, uma vez que seja feita mediante escritura pública ou testamento.[99]

---

[99] SANTOS, J. M. Carvalho. Op. cit., v. V, p. 435.

Destarte, é possível a declaração do estado civil de filiação mediante reconhecimento que preceda o nascimento do filho, para atender a certas razões de ordem pessoal.[100]

Esse direito é reconhecido pela lei com o único escopo de proporcionar a tão propalada salvaguarda dos direitos do nascituro que, como tais, devem ser entendidos como expectativas. É exatamente a existência desse poder familiar que legitima os pais porém a salvo os "direitos" do nascituro.

Caio Mário chega a afirmar que "o reconhecimento voluntário de filho deve qualificar-se, como ato jurídico *lato sensu*, e não como negócio jurídico em acepção técnica ou estrita. Diz ainda que o reconhecimento implica em uma confissão irretratável".[101] Dessa lição infere-se que se trata de um direito (ato unilateral) do pai e não do filho. O direito é de quem reconhece, embora o ato jurídico produza efeitos atingindo o reconhecido. O ato não depende da aceitação do filho, embora mediante outro ato ele possa, teoricamente, no futuro, contestar o ato do pai.

O parágrafo único do artigo 26 do Estatuto da Criança e do Adolescente tem redação idêntica à do parágrafo único do artigo 1.609 do Código Civil, e, assim, opera os mesmos efeitos no ordenamento jurídico.

Proclamou o Tribunal de Justiça de São Paulo que o nascituro, mesmo representado pela mãe, não poderá propor ação de investigação de paternidade, uma vez que só teria utilidade o reconhecimento se ele nascer com vida, direito que é personalíssimo.[102]

No mesmo sentido, ensinou Washington de Barros Monteiro que "a ação em referência, sendo personalíssima, só pode ser intentada pelo próprio filho; ninguém mais pode tomar-lhe o lugar, nem mesmo o neto".[103] Continua o autor dizendo que "se menor,

---

[100] DINIZ, Maria Helena. Op. cit., p. 325.
[101] PEREIRA, Caio Mário da Silva. Op. cit., p. 192-193.
[102] RT 566/54.
[103] RT 242/158-265/261. *Revista Forense* 169/121. Em contrário: *Revista Forense* 145/247.

a ação deve ser ajuizada pelo respectivo representante legal, geralmente a mãe, que promoverá o pleito em nome do filho, e não em nome dela".[104]

Na verdade, não há como se qualificar o nascituro em uma peça exordial, como exige o art. 282 do CPC, nem há como condená-lo em caso de sucumbência.

3. Legitimação do filho nascituro pelo casamento dos pais derrogada pelo Código Civil de 2002

Depois do que já fora afirmado nas edições primeira e segunda desta obra, após o advento da Constituição de 1988, que declarou que os filhos havidos ou não da relação de casamento terão os mesmos direitos e qualificações, restou absolutamente sem sentido o instituto da legitimação dos filhos resultante do casamento dos pais.

Sob a dicção do art. 353 do Código Civil de 1916, dava-se a legitimação do filho, ainda que apenas concebido, pelo casamento dos pais.

Entretanto, como já assinalado e como muito bem observou Arnoldo Wald sob o sistema anterior, "a legitimação supunha a concepção do filho ou o seu nascimento antes do subseqüente casamento dos pais. Com a igualdade que agora se atribui aos filhos de qualquer condição, não mais se justifica a sua permanência em nosso Direito".[105]

Com muita propriedade e lucidez, Edmilson Villaron Franceschinelli afirmava que:

> Com o advento da Constituição Federal de 1988, a legitimação se operou de forma incondicional, posto que o § 6.º, do artigo 227 da Constituição Federal, declara que os filhos havidos ou não da relação do casamento, ou por adoção, terão os mesmos direitos

---

[104] MONTEIRO, Washington de Barros. *Direito de família...* cit., p. 256-257.

[105] WALD, Arnoldo. *Curso de direito civil brasileiro. Direito de família.* 7. ed. São Paulo: RT, 1990, p. 170.

e qualificações, proibidas quaisquer designações discriminatórias relativas à filiação.[106]

Devemos dizer assim, que sempre comungamos plenamente com esta afirmação do autor.

Destarte, observe-se que, perante o Direito Brasileiro atual, não mais se podem adotar as designações legítima e ilegítima para qualificar os filhos. Hoje, a isonomia de direitos entre os filhos é conferida constitucionalmente, pouco importando se foram ou não havidos da relação do casamento. Conclui-se, pois, que não mais tem cabimento a alegação de que a legitimação pelo casamento dos pais é um direito do nascituro. Nem mesmo aos nascidos a lei confere esse direito. Aliás, na verdade, nem sequer tratava-se de um direito: era mero efeito jurídico independente da vontade.

4. O NASCITURO E A ADOÇÃO

No Código Civil de 2002 não mais contém a possibilidade da adoção do nascituro, como estava consignado expressamente no art. 372 do Código Civil de 1916.

Note-se que o artigo 45 do Estatuto da Criança e do Adolescente igualmente não contempla o nascituro para o caso de adoção.

O artigo 46 do Estatuto determina que a adoção será precedida de estágio de convivência com a criança ou adolescente pelo prazo que a autoridade judiciária fixar, observadas as peculiaridades do caso – o que é obviamente impossível em relação ao nascituro.

Por isso, pensarmos que a adoção do nascituro prevista no Código Civil de 1916 já fora revogada pela Lei n. 8.069, de 13 de julho de 1990, uma vez que não se pode considerar o nascituro criança ou adolescente. É que ainda não tendo nascido, repetimos mais uma vez, não tem ele sequer idade, e, tendo em vista que o

---

[106] FRANCESCHINELLI, Edmilson Villaron. *Direito de paternidade*. São Paulo: LTr, 1997, p. 84.

Estatuto não prevê a adoção em estado de nascituro, o instituto quanto a ele não se aplica, por vontade implícita da Lei.

5. O NASCITURO E O PODER FAMILIAR

Questiona-se se o nascituro pode, diante de nosso Direito, ser passível de estar sob o poder familiar.

Ora, o exercício do poder familiar exige um sujeito passivo sobre o qual se possa exercer o direito-dever.

O poder familiar é o conjunto de direitos, poderes e obrigações que a lei concede aos pais sobre a pessoa e bens dos filhos menores, para que eles possam bem cumprir seus deveres também em relação a estes filhos. Estes direitos, pois, são consequências dos deveres. Não há poder senão porque há a obrigação dos pais para com os filhos. A educação é um dos deveres primordiais de quem exerce o poder familiar, uma vez que nela estão implícitos todos os outros deveres.

Lafayette Rodrigues Pereira lecionou sob a égide do Código Civil de 1916 que o *pátrio poder* tem por fundamento a incapacidade do menor e consiste no direito de educá-lo, de defender-lhe a pessoa e de guardar e zelar-lhe os bens. Compete tanto ao pai quanto à mãe.[107]

Modernamente, concebe-se o poder familiar como a relação jurídica oriunda do complexo de direitos e deveres atribuídos ao pai e à mãe em relação ao filho menor e direcionado ao interesse da família, incidindo diretamente sobre a pessoa e o patrimônio do filho, como um meio de educá-lo e, consequentemente, guardá-lo, mantê-lo e protegê-lo.

É inimaginável o exercício dos direitos e deveres de, por exemplo, educação, guarda, manutenção e proteção da *spes personae* enquanto tal.

---

[107] PEREIRA, Lafayette Rodrigues. *Direitos de família*. 4. ed. Rio de Janeiro: Freitas Bastos, 1975, p. 271.

Como na generalidade das legislações, o nosso Código Civil, em seu artigo 1.689-I, estabeleceu uma conexão entre o usufruto dos bens dos filhos e o exercício do poder familiar, regulando-se cada um em conformidade com o outro.

Por seu turno, o usufruto dos bens adventícios, a que alude o referido artigo, é uma compensação que a lei concede ao titular do poder familiar pelos encargos referidos. É um meio de ressarcir ônus e despesas tão pesadas.

Neste sentido, na verdade, não existe uma administração ou mesmo gozo dos bens do nascituro por parte do titular do poder familiar. É que, nesta qualidade, o detentor do poder familiar é mero curador de bens que porventura pertencerem ao nascituro enquanto expectativa. Mesmo porque, nos termos dos artigos 3.º e 4.º do Código Civil, não se pode dizer que o nascituro esteja entre os incapazes. É que ele não é pessoa e por isso não há que se falar em incapacidade e muito menos em capacidade.

É certo que os pais podem agir em benefício do nascituro, aceitando doações, requerendo a posse de bens em seu nome, com o fito de resguardar sua parte na herança, porém, como dissemos, o genitor que assim age sempre o faz na condição de um curador de bens, sem que represente o nascituro.

Todos os direitos do nascituro, como expectativas que são, ficam pendentes e afetados condicionalmente a um possível nascimento com vida. Ficam colocados assim em uma situação de pendência. Não implica que haja uma representação permanente, uma titularidade do poder familiar, nos mesmos moldes do filho já nascido com vida.

Entretanto, pensamos que mesmo diante desses óbices, em nosso Direito positivo, existe a figura do poder familiar em relação ao nascituro, sob a dicção do artigo 1.779, *caput* do Código Civil, que expressamente diz que: "dar-se-á curador ao nascituro, se o pai falecer, estando a mulher grávida e não tendo o poder familiar."

Deve-se entender, porém, este poder familiar apenas enquanto for ele possível, e na forma do sistema jurídico nacional, como mero defensor e zelador do patrimônio do *infans conceptus* enquanto tal. É que há uma impossibilidade fática de representar pessoa que ainda não existe.

O poder familiar só será pleno para atender às finalidades próprias ao instituto, depois do nascimento com vida.

6. A CURATELA DO NASCITURO

Conforme já enfatizado, a lei põe a salvo desde a concepção os direitos do nascituro, que deverão ser entendidos como expectativas de direito, diante da interpretação sistemática do estatuto civil. Em defesa dessas expectativas de direito do nascituro, que enquanto expectativas são postas a salvo, é que o Código Civil manda que se lhe dê um curador, se o pai falecer, estando a mulher grávida, e não tendo o poder familiar. Tradicionalmente, é o que se denomina na doutrina "curador ao ventre". Essa regra está estampada no art. 1.779 do Código Civil Brasileiro.

Com o nascimento com vida termina a curatela, e assim, não tendo a mãe o pátrio poder, deverá ser nomeado ao nascido um tutor.

Os concepcionistas veem na figura do curador um autêntico representante do nascituro. Porém, devemos ter cautela quanto a esse entendimento, porque na acepção etimológica e jurídica a curatela nem sempre tem esse significado.

O vocábulo *curador* é cognato do vocábulo *cura*, cujas raízes etimológicas provêm do étimo latino *curare*, significando cuidado. Na língua italiana, o verbo *curare* também tem o mesmo sentido. Não há dúvidas que muitas vezes também tem o sentido de representar. Porém, ora é usado apenas na acepção "aquele que cuida", ora tem o sentido de representante.

Nos dizeres de João Andrades Carvalho, a palavra mais adequada e mais abrangente é *"curadoria"*, por adequação etimológica, uma vez que provém de *curatoria, ae*, termo designativo da função de curador. A palavra *"tutela"*, talvez por questão de fonética, influenciou na formação da palavra *"curatela"*. Porém, na etimologia, nada altera que se use um ou outro termo, isto é, *"curadoria"* ou *"curatela"*.[108]

Já a palavra *representar* provém do étimo latino *repraesentare*, ser a imagem ou a reprodução de.

De acordo com Rubens Requião, o instituto jurídico da representação não era de todo aplicado no Direito Romano. Citando Ortolan, afirma que a pessoa do cidadão não podia ser representada por nenhuma outra nos atos jurídicos. Cada um devia intervir e agir por si mesmo. Não havia a representação de um cidadão por outro. As obrigações eram personalíssimas.[109]

Dessa maneira, como não podia deixar de ser, o Direito Romano não supunha que os nascituros fossem representados, dizendo que não eram pupilos – *non est pupilus qui in utero est*; dessa forma, não é verdade que o curador representava o nascituro no antigo Direito Romano.

Se atentarmos bem, veremos que no Direito Brasileiro a figura do curador ora é tida como aquele que tem cuidados, no sentido de vigiar, de livrar de qualquer mal, de zelar, sem que represente ninguém, ora, finalmente, tem ambos os sentidos, ou seja, de cuidar e de representar a pessoa do curatelado.

Jander Maurício Brum chega a diferenciar a curatela de pessoas da curatela de bens, dizendo que nesta última, a intenção é proteger o patrimônio das pessoas, e, outrossim, o mesmo autor coloca a curatela do nascituro como curatela de bens, porque, conforme afirma, não se dá curador a pessoas ainda por nascer. A

---

[108] CARVALHO, João Andrades. *Tutela, curatela, guarda, visita e pátrio poder*. Rio de Janeiro: Aide, 1995, p. 89.

[109] REQUIÃO, Rubens. *Do representante comercial*. 5. ed. Rio de Janeiro: Forense, 1994, p. 16.

OS DIREITOS DO NASCITURO

finalidade é única e exclusivamente a de garantir o patrimônio, ou seja, os interesses do nascituro.[110]

Nesse mesmo sentido, é a lição de *Carvalho Santos*, comentando o artigo 446 do Código Civil de 1916:

> Enquanto a tutela é o encargo de administrar a pessoa e bens de um menor, imposto por lei ou pela vontade do homem, a curatela é o encargo de reger a pessoa e bens, ou tão-somente, os bens das pessoas emancipadas, ou maiores de dezesseis anos, ou ainda não nascidas, que, por si mesmas, não o podem fazer, impossibilitadas por uma causa determinada.[111]

Aquele que foi um dos maiores civilistas brasileiros, Lafayette Rodrigues Pereira, formulou uma diferenciação absoluta entre a curatela de pessoas e a curatela puramente de bens. Ensinou o jurista:

> Curatela ou curadoria é o cargo conferido pela autoridade pública a alguém, para reger a pessoa e bens, ou tão-somente os bens, das pessoas emancipadas que por si mesmas não o podem fazer, impossibilitadas por uma causa determinada. Pode a curatela abranger a pessoa e bens, como a curatela dos loucos; ou somente os bens, como a dos ausentes.[112]

O mesmo jurista afirmou:

> segundo a teoria dos romanos, o tutor não só geria os negócios do impúbere como completava-lhe a pessoalidade pela interposição de sua autoridade; o curador, dado sempre aos adultos, não tinha por missão inteirar-lhe a pessoa de si mesma completa, mas guardar os bens e dar consentimento para os atos que praticavam seus curatelados.[113]

O célebre San Tiago Dantas segue a mesma opinião, *in verbis*:

> Antes do nascimento a posição do nascituro não é, de modo algum, a de um titular de direitos subjetivos.

---

[110] BRUM, Jander Maurício. *Curatela*. Rio de Janeiro: Aide, 1995, p. 123.
[111] SANTOS, J. M. Carvalho. Op. cit., v. VI, p. 363.
[112] PEREIRA, Lafayette Rodrigues. Op. cit., p. 383-384.
[113] Idem, p. 383.

É uma situação de mera proteção jurídica, proteção que as normas dão, não exclusivamente às pessoas, mas até às coisas inanimadas.

Muitas vezes serão encontradas normas jurídicas que protegem um monumento, que protegem um determinado lugar. Estas normas não estão reconhecendo nesses seres inanimados uma personalidade, mas considerando bens que interessam ser guardados de uma certa forma, elas o cercam de proteção e é o que acontece com o nascituro. Ele é protegido, mas não se lhe confere nenhum direito subjetivo.[114]

Por sua vez, Mário de Assis Moura define o curador como um auxiliar da justiça, permanente ou ocasional, incumbido da defesa da ordem pública ou dos incapazes.[115]

Já Serpa Lopes afirma que é na qualidade de *spes hominis* que o nascituro é tutelado pelo ordenamento jurídico, protegido pelo Código Penal e acautelado pela curadoria do ventre.[116]

Consequentemente, faz mister assinalar que o curador ao vínculo, nas ações de anulação de casamento, sob o sistema do Código Civil de 1916 não representava ninguém, nem mesmo o Estado, que era representado pelo Ministério Público. O curador ao vínculo tinha por função cuidar para que se mantivesse o vínculo matrimonial. A sua investidura visava o interesse superior da sociedade por meio da formação legal da família, e não um interesse pessoal de quem quer que seja. É verdade que nesse caso o curador só desempenhava funções processuais, nos dizeres de Arnaldo Rizzardo; entretanto, à guisa de esclarecimentos, deve-se consignar que também não deixava de ser uma forma de curatela sem representação.

João Andrades Carvalho assevera que a única hipótese plausível de curatela no atual estágio do ordenamento jurídico brasileiro seria aquela prevista no parágrafo único do artigo 462 do Código Civil de 1916, atual art. 1779: "(...) se a mulher estiver interdita, seu curador será o do nascituro (art. 458)."

---

[114] DANTAS, San Tiago. Op. cit., p. 170.

[115] MOURA, Mário de Assis. *Formulário forense*. 2. ed. São Paulo: Saraiva, 1937, p. 37.

[116] LOPES, Miguel Maria de Serpa. Op. cit., v. I, p. 289.

Continua o autor dizendo que

> nesse caso, a verdadeira curatelada será a mulher e não o nascituro. Quem está, portanto, sujeita à curatela é a mãe e não o filho. Ela, a mãe, estará submetida à curatela, porque se trata de uma pessoa ou porque possui bens que devem ser administrados. Mas o nascituro não é pessoa, isto é, não tem personalidade civil, não possui bens. Só os possuirá quando tiver personalidade civil, mas então já não será nascituro. Os seus direitos é que precisam ser acautelados e só o serão se e enquanto forem acionados. Como não há outra forma de acionar direitos senão através do processo, a atuação do curador estará restrita à área processual e será uma função de natureza processual.[117]

Igualmente se pode dizer em relação às antigas curadorias criadas pelo Ministério Público, como, por exemplo, a Curadoria do Meio Ambiente, do Patrimônio Histórico e Cultural e a Curadoria dos Direitos Humanos, dentre outras.

Mesmo tendo o Ministério Público modificado a denominação curadoria, pelo menos em Minas Gerais, não há dúvida de que no sentido citado, o *parquet* atua como verdadeiro curador.

Assim, é óbvio que o curador do meio ambiente não representa o meio ambiente, mas cuida, vigia e zela para que o meio ambiente não seja agredido.

Identicamente se pode dizer do Ministério Público como curador das fundações, que apenas velará por elas, sem representá-las, nos termos do artigo 66 do Código Civil, *in verbis*: "Velará pelas fundações o Ministério Público do Estado, onde situadas."

Ninguém pode negar que o Ministério Público, no processo de falência, tinha a função de um verdadeiro curador da massa falida, expressão inclusive que acabou sendo consagrada na doutrina e na prática forense. Essa designação em relação ao Ministério Público, no passado, fora utilizada por algumas leis estaduais de organização judiciária, com a função de zelar pela exata aplicação da lei. Todavia, sabe-se que o Ministério Público, como curador

---

[117] CARVALHO, João Andrades. Op. cit., p. 92.

da massa falida, não a representava, pois esse encargo era do síndico, que na nova lei é o atual administrador judicial.

Não se diga que nesses casos o Ministério Público e o curador ao vínculo representam interesses da sociedade e da coletividade, pois esses interesses são difusos e, portanto, não têm personalidade jurídica e manifestamente não são pessoas, no sentido jurídico do termo, tema dessa discussão.

Diferentemente, o curador do interditado tem ambas as funções, isto é, a de representar o interditado, bem como a de cuidar da sua pessoa e do seu patrimônio.

Igualmente se pode dizer do curador especial do artigo 9.º do Código de Processo Civil, que sempre age representando, mesmo que esta se dê unicamente em órbita processual.

Observe-se que nos casos em que há a representação pelo curador, ela sempre se dá em benefício de pessoas nascidas.

Por outro lado, note-se que o curador da herança jacente atua de maneira bem definida, como se depreende dos dizeres do artigo 1.819 do Código Civil: "Falecendo alguém sem deixar testamento nem herdeiro legítimo notoriamente conhecido, os bens da herança, depois de arrecadados, ficarão sob a guarda e administração de um curador, até a sua entrega ao sucessor devidamente habilitado ou à declaração de sua vacância." Tudo indica que essa curatela é unicamente de bens, como afirmou o grande Lafayette.

Há de consignar-se, outrossim, que a figura do curador só existe nos casos expressos em lei, pois a regra é que toda pessoa é capaz.

Entretanto, como foi mencionado, existem interesses, institutos, coisas e entes que necessitam de curadores, sem que sejam por eles representados.

Como já assinalado, vê-se dos artigos 3.º e 4.º do Código Civil Brasileiro, diferentemente do artigo 54 do Código Argentino, que não está incluída a figura do nascituro como absolutamente incapaz, nem como relativamente incapaz. Como dito, nem ao menos pode-se dizer que tenha idade.

Sabemos que a representação legal só se dá a favor daqueles que são incapazes de, por si próprios, exercer os atos da vida civil. Diz-se representação legal para diferenciar da representação volitiva, que ocorre nos contratos de mandato e de sociedade, como por exemplo, cuja representação é determinada por acordo de vontades entre pessoas capazes.

Não tendo o nosso diploma civil declinado o nascituro como pessoa absolutamente incapaz ou relativamente incapaz, chega-se à óbvia dedução de que a curatela a ele conferida não é no sentido de representação, mas, sim, de vigiar, de cuidar e de pôr a salvo as suas expectativas de direito, por política legislativa, para o caso de vir a nascer com vida, resguardando assim os interesses do ser humano por nascer, que, juridicamente, ainda não é pessoa, mas mera expectativa de pessoa.

A defesa que porventura o curador tenha que fazer das expectativas de direito do nascituro será enquanto vigilante e protetor dessas expectativas, e não representando o nascituro. O mesmo pode-se dizer do curador do patrimônio histórico; quando tiver que tomar alguma medida em sua defesa não será, obviamente, como representante do patrimônio histórico (nem como representante de interesses e direitos difusos). Trata-se de filigrana intelectual e, por isso, por muitas vezes, a figura do curador ao ventre confunde-se com a de representante do nascituro.

Nesse entendimento, o curador só tem legitimidade para defender e proteger aquelas expectativas de direito, expressamente declinadas em lei, a favor do nascituro.

Com efeito, o curador não pode pleitear, a título de exemplo, um nome para o nascituro, fazer compra e venda em nome da pessoa por nascer, conferir mandato, contratar empréstimo e troca, já que esses direitos são conferidos apenas às pessoas nascidas e, assim, já possuidoras da personalidade civil, ainda que absolutamente incapazes, e, neste caso, por intermédio de seus representantes e com a devida autorização legal ou judicial.

Destarte, cabe ao curador ou mesmo aos pais que geraram o nascituro praticar apenas atos provisórios em prol de uma pessoa prestes a constituir-se e que a lógica deduz como futuro sujeito de direitos, no sentido jurídico do termo. E neste sentido, muitos equívocos se têm cometido na prática forense, gerando uma confusa jurisprudência.

Ora, não há como representar pessoa que ainda não existe.

Infere-se dessa forma que os próprios genitores do nascituro não o representam, cabendo-lhes apenas zelar pelas suas expectativas de direitos, de forma que elas se tornem efetivamente direitos, caso ele nasça com vida, tudo nos mesmos termos da curatela, uma vez que esta só se dá na falta do pai e não tendo a mãe o pátrio poder.

Destarte, não há como o nascituro, por si, ainda que representado, pleitear em juízo, mas sim, o curador, ou os genitores em nome próprio, nos termos dos arts. 877 e 878 do CPC.

7. O DIREITO DE RECEBER DOAÇÕES

Entre os direitos taxativamente admitidos pela legislação brasileira conferidos ao *infans conceptus*, está o de receber doações, estipulado no artigo 542 do Código Civil.

Entretanto, a aceitação da liberalidade por intermédio do representante legal é conseqüência da regra jurídica que ressalva os direitos do nascituro, taxados expressamente em lei desde a concepção, o mesmo ocorrendo no Direito Italiano e no Direito Português.

Devemos, porém, chamar a atenção para o fato de ser impossível a real efetivação da doação de bem imóvel a favor do nascituro. É que o artigo 176, § 1.º, inciso II, 4, da Lei de Registros Públicos, exige o nome, domicílio e nacionalidade do proprietário, bem como, caso trate-se de pessoa física, sua qualificação completa.

Ora, é sabido que a propriedade imobiliária só se transfere com o registro, tenha ela por origem um contrato de compra e venda, um contrato de permuta ou um contrato de doação, nos termos do artigo 1.227 do Código Civil.

Destarte, não obstante o contrato de doação seja simplesmente consensual, a propriedade imobiliária só se transfere com o registro, e, se o nascituro nem sequer pode ter nome, nacionalidade e qualificação, não há como registrar o bem imóvel como sua propriedade e, consequentemente, não há como a doação se perfazer. Não há como ser ele proprietário.

Por conseguinte, a doação de bem imóvel só poderá ser feita ao nascituro, desde que seus pais a aceitem, tendo como condição de cumprimento contratual o nascimento com vida. Enquanto isso não ocorre, estes ficarão na situação de meros zeladores de eventuais direitos, porém, o contrato jamais será cumprido enquanto o donatário estiver na condição de nascituro. Como se vê, o direito é futuro. É mera expectativa. Enquanto for nascituro o donatário, o direito jamais incorporará o seu acervo patrimonial.

Segundo Almeida Prado, antes de preenchida a formalidade da transcrição do título de transmissão, o domínio sobre imóvel não passa do alienante para o adquirente. Até a transcrição, o alienante é senhor do imóvel e, como tal, retém todos os direitos que constituem o domínio, como o de alienar, instituir ônus reais, celebrar hipotecas. O imóvel conserva-se em seu patrimônio e fica sujeito ao pagamento de suas dívidas. O adquirente, enquanto não transcreve o seu título, não pode validamente dispor do imóvel e, consequentemente, não pode sequer reivindicá-lo.[118]

Sem título de domínio não há como reivindicar imóvel.

Por sua vez, conforme os preceitos do artigo 1.226 do Código Civil, os direitos reais sobre coisas móveis, quando constituídos ou transmitidos por atos entre vivos, só se adquirem com a tradição, ou seja, com a efetiva entrega da coisa.

Nos termos do artigo 541 do Código Civil, a doação far-se-á por escritura pública ou instrumento particular. Deve-se entender

---

[118] PRADO, Francisco Bertino de Almeida. *Transmissão da propriedade imóvel*. São Paulo: Saraiva, 1934, p. 186.

que a segunda forma, instrumento particular, é aceitável apenas para os bens móveis, assim como ocorre com a doação verbal, nos termos do parágrafo único do artigo citado.

Assim entendido, conclui-se que também nas doações de bens móveis há uma impossibilidade fática de o nascituro receber o bem por tradição, uma vez que não estando ele nascido não há como imitir-se na posse e, consequentemente, possuir a coisa diretamente ou indiretamente. São os pais que irão possuir a coisa, pondo-a a salvo para o caso do *infans conceptus* vir a nascer com vida.

O entendimento é muito lógico: se a expectativa de pessoa não nasce com vida, a conseqüência óbvia é que a doação será considerada como se nunca tivesse sido conferida, já que o nascituro que não nasce com vida não pode ser sucedido hereditariamente, e, assim, o bem em vez de transferir-se para os seus herdeiros, voltará ao patrimônio do doador *ipso facto*, operando os mesmos efeitos, como se fora uma verdadeira "cláusula resolutiva expressa", tudo por pura lógica jurídica.

Carvalho Santos, em lapidar lição, pontificou que: "Mesmo quando regularmente aceita, a doação feita ao nascituro caducará, se esse nascer sem vida. É conseqüência irrecusável do sistema, que não reconhece a personalidade do nascituro, como muito bem explica Clóvis Bevilácqua, que acrescenta a seguir: 'A aceitação pelos pais fôra, apenas, condicional, em atenção à existência esperada.

Basta, entretanto, um instante de vida, para que a doação se torne definitiva, e passe aos herdeiros do donatário'."[119]

8. A CAPACIDADE DO NASCITURO DE ADQUIRIR POR TESTAMENTO

Muito do que se dirá a seguir guarda certa relação com o que se disse no número anterior quanto às doações a favor dos nascituros.

---

[119] SANTOS, Carvalho J. M. Op. cit., v. XVI, p. 361.

Consoante o artigo 1.799-I do Código Civil, podem adquirir por testamento os filhos ainda não concebidos de pessoas indicadas pelo testador, desde que vivas estas ao abrir a sucessão.

Na lição lapidar de Orlando Gomes, "têm capacidade sucessória todas as pessoas existentes no momento da abertura da sucessão, sejam físicas ou jurídicas. Admitem, como exceção ao princípio, possam suceder as pessoas não concebidas e as entidades que ainda devem constituir-se".[120]

Como exemplo de entidades ainda não constituídas com capacidade sucessória, podemos apontar as fundações, que amiúde são instituídas por testamento, quando o testador faz uma dotação especial de bens, para que possam ser erigidas em pessoa jurídica, nos termos de sua última vontade (art. 1.799 - III do CC).

Consoante Zeno Veloso, como se vê então no rigor do sistema, as pessoas físicas já deveriam ter nascido à época da defunção do testador, pois, conforme o artigo 4.º, 1.ª parte, do Código Civil, a personalidade civil do homem começa do nascimento com vida.

Prossegue o mesmo autor afirmando in verbis:

> Desde o Direito Romano, porém, já se concede seja beneficiada em testamento pessoa ainda não nascida, mas já concebida quando da abertura da sucessão. Nesse sentido, o art. 906, 2, do Código Civil Francês: 'Pour être capable de recevoir par testament, il suffit d'être conçu à l'époque du décês du testateur'.[121]

Caio Mário menciona que "defere-se a sucessão ao nascituro, desde que já concebido na abertura da sucessão (herdeiro póstumo). Posto lhe falte personalidade, é certo que *nasciturus pro iam nato habetur quum de eius commodis agitur*".[122]

"O nascituro, então, pode ser nomeado herdeiro ou legatário. Mediante ficção, é tido como se já existisse. Na espécie, aplica-se o artigo 2.º, segunda parte, do Código Civil, em que está dito que a

---

[120] GOMES, Orlando. *Sucessões*. 4. ed. Rio de Janeiro: Forense, 1981, p. 29.
[121] VELOSO, Zeno. *Testamentos*. 2. ed. São Paulo: Cejup, 1993, p. 418.
[122] PEREIRA, Caio Mário da Silva. *Direito das sucessões...* cit., p. 25.

lei põe a salvo, desde a concepção, os direitos do nascituro, sob a condição de vir a nascer vivo, é claro".[123]

Por outro lado, Tito Prates afirma que "o Código nega personalidade ao nascituro. Nem é ela necessária para o resguardo condicional de seus possíveis direitos. Nada se opõe à validade de um legado deixado a pessoa existente, com o encargo de transmitir a outra não viva ou possível. É um modo de liberalidade condicional à pessoa capaz".[124]

Em regra, para receber herança ou legado é preciso existir no dia da morte do sucedendo. O exame do art. 1.798 e do art. 1.799-I do Código Civil faz ressaltar à evidência que existir significa estar concebido; não é necessário já ter nascido. Eis os textos referidos:

> Legitimam-se a suceder, as pessoas nascidas ou já concebidas no momento da abertura da sucessão.

> Os filhos ainda não concebidos, de pessoas indicadas pelo testador, desde que vivas estas ao abrir-se a sucessão.

> Podem adquirir por testamento as pessoas existentes ao tempo da morte do testador.

> São absolutamente incapazes de adquirir por testamento os indivíduos não concebidos até a morte do testador.[125]

Destarte, os não concebidos também têm esse direito, e nem por isso são considerados pessoas. Observe-se que o direito sucessório do nascituro é expectativa que só se efetiva se nascer com vida, constituindo esta condição, o efeito geral de todas as expectativas. Não há expectativa sem fato futuro e incerto, do qual dependa o direito. Inútil será a aquisição desse direito se não ocorrer a condição do nascimento com vida.

Por conseguinte, trata-se da aplicação da proteção de expectativas de direitos do nascituro, que já data do Direito Romano:

---

[123] VELOSO, Zeno. Op. cit., p. 418.

[124] PRATES, Tito. *Sucessão testamentária*. São Paulo: Saraiva, 1928, p. 68.

[125] No mesmo sentido, MAXIMILIANO, Carlos. *Direito das sucessões*. Rio de Janeiro: Freitas Bastos, 1937, v. 2, p. 313.

"Infans conceptus pro jam nato habetur si de eius commodis agitur." Porém, deve-se interpretar o aforisma nos termos da escola natalista.

Segundo *Clóvis Bevilácqua*, embora absoluta, a incapacidade dos não concebidos admite uma exceção a favor da prole futura das pessoas existentes no momento da abertura da sucessão. O testador poderá deixar seus bens a essa prole futura por meio do fideicomisso.[126]

Destarte, com relação à capacidade do nascituro de adquirir por testamento, além de remetermos o leitor à seção 7 deste capítulo, em que tratamos do direito de receber doações, devemos consignar que, segundo *Carvalho Santos*, o próprio Clóvis Bevilácqua observou que a incapacidade absoluta resulta, não como devera ser, da falta de personalidade, mas da não existência. O embrião não tem personalidade, mas pode adquirir por testamento, concluindo que aí se manifesta a inconseqüência do sistema, que recusa a personalidade ao nascituro.[127]

Conclui-se, assim, que não obstante o imortal *Clóvis* atribuir inconseqüência ao sistema jurídico pátrio, admitiu que esse próprio sistema não concede personalidade civil ao nascituro.

Note-se, mais uma vez, que o testador pode conferir testamento a favor de pessoas jurídicas ainda por se constituir, isto é, sem que tenham ainda personalidade jurídica, como é o caso muito comum das fundações. Não se trata, como é óbvio, de um direito destas pessoas jurídicas ainda inexistentes.

Assim, da mesma forma que os natalistas não admitem a personalidade civil do nascituro, pelo simples fato de este poder ser beneficiário de um testamento, também não há de considerar-se a personalidade de uma pessoa natural ou jurídica ainda não constituídas, pelo simples fato de poderem ser beneficiárias de um testamento.

Portanto, pelo único fato de uma entidade poder ser beneficiária de um testamento não significa automaticamente que ela tenha personalidade jurídica, como o testamento feito a favor dos

---

[126] BEVILÁCQUA, Clóvis. *Código Civil comentado*... cit., v. 6, p. 179.
[127] SANTOS, J. M. Carvalho. Op. cit., v. XXIV, p. 43.

pobres de um lugar. O mesmo deve-se entender quanto ao nascituro, como resta claro.

Por fim, podemos dizer que todos esses direitos supradeclinados, sobre os quais discorremos, são expressamente elencados em lei, e, como se observa, todos têm caráter de salvaguarda, para o caso de o nascituro vir a nascer com vida. São direitos postos a salvo cautelarmente.

Com efeito, nunca é demais dizer que, caso o nascituro fosse pessoa, e seus direitos equiparados ao das pessoas já nascidas, não haveria nenhuma necessidade de que a lei os discriminasse um a um, como acabamos de ver.

Por outra forma, os artigos 877 e 878 do Código de Processo Civil conferem à mãe grávida o direito de requerer ao juiz a comprovação de seu estado gravídico, para ter a posse dos direitos que eventualmente possam assistir ao nascituro. Muito comumente, esse pedido, que segundo *Humberto Theodoro Júnior* tem caráter de procedimento de jurisdição voluntária[128]tem por finalidade colocar a salvo os direitos hereditários que possam assistir ao nascituro, caso venha ele a nascer com vida.

Deve-se entender como corolário, que os pais não têm a administração, o usufruto e, consequentemente, a posse dos bens do filho nascituro, de forma imediata, de pleno direito e por força da lei, nos mesmos moldes dos filhos já nascidos. Caso contrário, a medida processual da posse em nome do nascituro seria desnecessária, uma vez que outras medidas já previstas em nosso ordenamento poderiam substituí-la, em caso de eventual *periculum in mora* que pudesse vir a ocorrer.

A comprovação da coerência desse entendimento é exatamente a existência em nosso ordenamento dessa figura jurídica nos citados artigos 877 e 878 do Código de Processo Civil.

Ora, caso o nascituro fosse pessoa e estivesse equiparado aos filhos menores, os pais seriam os administradores legais do seu

---

[128] THEODORO JÚNIOR, Humberto. Op. cit., p. 524.

patrimônio, e, consequentemente, teriam a posse de seus bens de forma imediata e de pleno direito, não havendo nenhuma necessidade de provimento judicial para tal (arts. 877 e 878 do CPC).

A administração e o usufruto dos bens dos filhos nascidos que estejam sob o poder familiar são conferidos por lei aos genitores, independentemente de declaração em juízo.

Observe-se que a lei confere capacidade processual apenas à mãe grávida, porque, quando há casamento, ainda prevalece a máxima *pater vero is est, quem nuptiae demonstrat*. Fora do casamento, querendo, o pai poderá reconhecer voluntariamente o filho sem grandes dificuldades. Por outra vez, não raro, a mãe procura o provimento jurisdicional, exatamente para colocar a salvo, direitos que assistam o nascituro, quando o autor da herança é o próprio pai, como medida preparativa para a ação de investigação de paternidade cumulada com petição de herança.

É verdade que a necessidade desse provimento é muito mais fática do que jurídica. O filho já nascido tem a prova da maternidade e da paternidade pelo registro de nascimento. O filho nascituro, não. Para a prova de sua existência, é óbvio que sempre se fará necessária a comprovação médica.

Ora, tanto para os pais quanto para o curador agirem em defesa das expectativas de direito do nascituro, primeiro há de provar-se a existência de um nascituro, e, para tal, há de provar-se a gravidez. Caso contrário, não é possível nem aos genitores, nem ao curador, agirem em defesa das expectativas de direito da *spes personae*.

É que não basta que a mulher tenha a barriga crescida para que se a considere *ipso facto* grávida, e, por isso, para evitar possíveis fraudes, necessário se faz o procedimento previsto nos artigos 877 e 878 do Código de Processo Civil.

Não há dúvida que, pelo direito da *saisine*, a posse e a propriedade transmitem-se no exato momento da defunção do autor da herança. Acontece que da maneira como foi demonstrado até aqui, nem a *saisine* aproveita o nascituro de maneira plena, mas, sim, relativa, pois, com ela, a transmissão imediata que se dá a favor do nascituro, são das expectativas de direito que lhe assistirem e forem-lhe proveitosas naquele instante, nada mais. Se não nascer com vida, os demais herdeiros herdarão como se nunca tivesse existido o *infans conceptus*.

Não poderíamos deixar de registrar essas considerações em mais uma demonstração da diferença cabal existente entre os nascituros e os já nascidos, inclusive no que tange ao fato de poderem ser beneficiados por uma doação e, principalmente, por um testamento, assunto que ora se tratou.

9. Os frutos e produtos dos bens do nascituro

Como vimos supra, para que se comente o assunto do título agora em epígrafe, deve-se entender sempre que a mãe, por meio da medida processual prevista nos artigos 877 e 878 do Código de Processo Civil, já esteja na administração dos bens do filho e, por conseqüência, já tenha a posse de seus bens, caso contrário, não há de falar-se em frutos e produtos dos bens do nascituro.

O pai, e a mãe, enquanto no exercício do poder familiar são usufrutuários e administradores legais dos bens dos filhos (art. 1.689, I e II, do CC).

Como se sabe, o usufruto pode recair em um ou mais bens, móveis ou imóveis, em um patrimônio inteiro, ou parte deste, abrangendo-lhe, no todo ou em parte, os frutos e utilidades. O usufruto de imóveis, quando não resultar do direito de família, dependerá de transcrição no respectivo registro, e, salvo disposição em contrário, o usufruto estende-se aos acessórios da coisa e seus acrescidos.

Nos termos do artigo 1.394 do Código Civil, o usufrutuário tem direito à posse, uso, administração e percepção dos frutos advindos da coisa dada em usufruto. Por esse dispositivo, que confere o direito à percepção dos frutos ao usufrutuário, infere-se que a lei conferiu aos pais a propriedade dos frutos percebidos enquanto estiverem no gozo do usufruto dos bens dos filhos sob o poder familiar.

Nessa mesma esteira, o artigo 1.397 do mesmo diploma determina que as crias dos animais pertencem ao usufrutuário, deduzidas quantas bastem para inteirar as cabeças de gado existentes ao começar o usufruto.

Diga-se outro tanto, que desde logo pertencem ao usufrutuário os frutos naturais pendentes ao começar o usufruto, sem encargo de pagar as despesas de produção.

Sob outro prisma, mister se faz assinalar, que consoante se infere do § 1º do art. 1.392 do Código Civil, as coisas fungíveis e que se consomem pelo uso caem no domínio do usufrutuário, que fica obrigado a restituir findo o usufruto, o equivalente em gênero, qualidade e quantidade, ou não sendo possível, o seu valor, pelo preço corrente ao tempo da restituição.

Pensamos, nesse diapasão, que os pais não estão obrigados a prestar contas em relação aos frutos dos bens dos filhos deduzindo os gastos que despenderam com eles. Assim, entende-se porque o poder familiar já acarreta razoáveis ônus de guarda, orientação e sustento. Este pensamento é convergente com o de Clóvis Bevilácqua, que se expressa desta maneira: "O usufruto paterno é uma compensação dos encargos que se originam do exercício do pátrio poder com a pessoa e bens do filho."[129]

Já *Pereira Braga*, citado por *Carvalho Santos*, entende que os pais não estão obrigados a prestar contas aos filhos em relação às suas despesas custeadas pelos frutos e produtos dos bens destes.[130]

Pergunta-se, porém, qual deverá ser a obrigação dos pais em relação aos frutos, dos bens dos filhos nascituros, que os tenham por doação ou sucessão testamentária? Pontes de Miranda responde afirmando que "os frutos dos bens do artigo 1.718[131] não

---

[129] BEVILÁCQUA, Clóvis. *Código Civil comentado...* cit., v. II, p. 373.
[130] SANTOS, Carvalho J. M. Op. cit., v. VI, p. 108.
[131] Código Civil de 1916.

pertencem a quem guarda a herança, aumentam a herança, para que a prole eventual os receba, porque lhe pertencem, ou, se falhar, isto é, se for demonstrada a ineficácia da verba, aos herdeiros legítimos".[132]

Da mesma forma, podemos dizer que em relação aos bens doados ao nascituro, deverá prevalecer a mesma regra ditada pelo saudoso mestre. Isto é, caso o nascituro não nasça com vida, os frutos e produtos dos bens a ele doados reverter-se-ão, *ipso facto*, ao doador, posto que tais bens nunca deixaram de ser dele e os pais – ou o curador do nascituro – foram meros guardiães, tanto do bem doado quanto de seus frutos e produtos, deduzidas as despesas habituais.

Mesmo porque, como já se disse, o nascituro nunca chega a ser proprietário, no sentido jurídico da palavra, e, portanto, caso não venha a nascer com vida, os bens que porventura foram conferidos por testamento ou a ele doados, reverter-se-ão aos titulares de pleno direito. Os primeiros reverter-se-ão para os demais herdeiros, e os segundos ao donatário, como já foi visto.

Os representantes do nascituro em relação aos frutos e produtos dos bens a ele doados, funcionam como meros depositários, isto é, guardam sem gozar. Sem *usus*, nem *frutus*.

Quando nasce a prole, o que guardou a herança ou a doação, e seus frutos, não os perde, porque nunca os teve.[133]

Se não se pode dizer que haja, propriamente, um direito de propriedade do donatário nascituro, muito menos se poderá cogitar da existência do direito de usufruto a favor de seus genitores.

---

[132] PONTES DE MIRANDA, F. C. *Tratado de direito privado...* cit., v. 58, p. 29.
[133] PONTES DE MIRANDA, F. C. Op. cit., v. 58, p. 30.

Capítulo IV

O nascituro perante outras disciplinas do direito brasileiro

1. O NASCITURO NO DIREITO CONSTITUCIONAL

A Declaração Universal dos Direitos da Criança proclama em seu princípio 3.º que: "Desde o nascimento, toda criança terá direito a um nome e uma nacionalidade".

Nacionalidade designa um substantivo abstrato formado do radical latino *natio*, que significa nascimento, e, posteriormente, o conjunto dos nascidos de uma mesma linhagem. Em sentido jurídico, é o vínculo permanente que liga uma pessoa a uma nação.

Em sua natureza jurídica, a nacionalidade é matéria de Direito Público, mais especificamente de Direito Constitucional.

Obedecendo a este conceito, modernamente, as normas básicas em relação à nacionalidade acham-se geralmente contidas nas constituições de cada país.

Na atual Constituição da República Federativa do Brasil, as normas sobre a nacionalidade estão insculpidas nos artigos 12 e 13.

Segundo o artigo 12, inciso I, alínea a, da Constituição, são brasileiros natos os nascidos na República Federativa do Brasil, ainda que de pais estrangeiros, desde que estes não estejam a serviço de seu país. As alíneas seguintes, b e c, também se fulcram no nascimento para determinar a nacionalidade.

A nacionalidade pode ser primária ou secundária. A primária resulta, ordinariamente, do nascimento, e a secundária, por ato voluntário.

Alguns países admitem como aquisição da nacionalidade de forma primária o critério do *ius sanguinis*. Não é o caso do Brasil.

O Brasil adotou predominante o critério da origem territorial ou *ius solis*, pelo qual se atribui a nacionalidade a quem nasce no território do Estado de que se trata. O fato nascimento é que, em verdade, determina a nacionalidade primária.[134] Segundo José Afonso da Silva a adoção de um ou de outro destes critérios é problema político de cada Estado.[135]

Os modos de aquisição da nacionalidade secundária dependem da vontade do indivíduo, nos casos que se lhe dá o direito de escolher determinada nacionalidade, sendo que nossa Constituição Federal prevê esse modo no artigo 12, inciso II, alíneas a e b.

A nacionalidade que o indivíduo adquire com o nascimento só pode perder-se por meio de livre escolha, pelo próprio indivíduo, de uma outra, quando tiver capacidade para fazê-lo.

Por conseguinte, no ordenamento jurídico brasileiro, que adota o critério do nascimento ou da vontade, conclui-se que, enquanto não nascido o homem, não tem ele nenhuma nacionalida-

---

[134] SILVA, José Afonso da. *Curso de direito constitucional positivo*. 13. ed. São Paulo: Malheiros, 1997, p. 308.
[135] Idem.

de. Assim, considerando que o nascituro não pode exprimir sua vontade, tem-se que, enquanto não nascer com vida, não tem nacionalidade brasileira. Na esteira desse entendimento, infere-se que o nascituro não tem nacionalidade, a uma, porque a nossa Constituição exige o nascimento, e a duas, porque verdadeiramente é mera expectativa de pessoa e, assim, conceder nacionalidade à *spes personae* seria o mesmo que se voltar contra a realidade das coisas.

A título de exemplo, trazemos o seguinte acórdão do E. Tribunal de Justiça de São Paulo:

> Pelo simples fato de ter sido concebido e parcialmente gerado no Brasil não é aplicável à hipótese, o artigo 4.° do Código Civil, por isso que os direitos assegurados ao nascituro são unicamente os que a lei especifica, não sendo possível estendê-los à cidadania.[136]

A Constituição reputa brasileiro nato aquele que adquire a nacionalidade brasileira pelo fator nascimento. É dizer: brasileiro nato é quem nasce na República Federativa do Brasil. Corresponde ao titular da nacionalidade brasileira primária, para cujo reconhecimento nossas Constituições sempre adotaram o critério do *ius solis*, com ligeiras atenuações.[137]

Nos termos da lição de Francisco Rezek:

> (...) qualifica-se como brasileiro nato aquele que ao nascer – geralmente no Brasil, mas eventualmente no exterior – viu-se atribuir a nacionalidade brasileira, ou, quando menos, a perspectiva de consolidá-la mediante registro ou opção, de efeitos retroativos.
>
> Destarte, a Constituição aponta, em primeiro lugar, como brasileiros natos, os nascidos em território brasileiro, embora de pais estrangeiros, desde que estes não estejam a serviço de seu país.[138]

---

[136] Tribunal de Justiça de São Paulo. Apelação 46.448 – Rel. Des. Rafael de Barros Monteiro. *Revista dos Tribunais*, v. 185, p. 758.

[137] SILVA, José Afonso da. Op. cit., p. 313.

[138] REZEK, José Francisco. *Direito internacional público*. 3. ed. São Paulo: Saraiva, 1993, p. 188.

Também são brasileiros natos os nascidos no estrangeiro, quer de pai brasileiro, quer de mãe brasileira, bastando que qualquer deles esteja a serviço do Brasil. São ainda considerados brasileiros natos os nascidos no estrangeiro, de pai ou mãe brasileiros, mesmo que não estejam a serviço do Brasil, mas registrados em repartição brasileira competente.

Por seu turno, o Tribunal Regional Federal da 1.ª Região considera que o momento de aquisição da nacionalidade brasileira é do nascimento, e não o da concepção.[139]

Portanto, de qualquer forma que se encare a nacionalidade, natos ou naturalizados, o fato do nascimento com vida é imprescindível. Até para ser considerado apátrida, impõe-se intuitivamente o nascimento com vida.

Com muita propriedade, a nossa Constituição, quanto ao início da personalidade jurídica (art. 2º do CC) e ao aborto (CP), ficou omissa, deixando os temas controvertidos para a legislação ordinária.

Com fulcro na lição de *José Afonso da Silva*, repetimos mais uma vez, que a constituição não arrostou o tema do aborto, porque houve três linhas de pensamento durante a constituinte. A primeira queria assegurar o direito à vida, desde *a concepção*, o que importava em proibir o aborto de forma absoluta e total. A segunda previa que a condição de sujeito de direito se adquiria pelo nascimento com vida e que a vida intrauterina é de responsabilidade exclusiva da mulher, o que possibilitaria o aborto. A última batia-se pelo entendimento de que a Constituição não deveria tomar partido na disputa, nem proibindo, nem permitindo o aborto.

Inequivocamente, a terceira corrente saiu vencedora e constata-se isso depois de considerar-se o voto vencedor do Ministro Carlos Ayres Britto na ADIn n. 3.510-0, julgada pelo STF, cuja de-

---

[139] *A Constituição na visão dos tribunais:* Interpretação e julgados artigo por artigo. Op. cit., p. 244.

cisão tem efeito vinculativo por força do art. 102, II, § 2°, da Constituição Federal.

Hoje, vem ganhando força o entedimento de que, também a fundamentação, nas Ações Direta de Constitucionalidade e Inconstitucionalidade, cujos motivos sejam determinantes para a decisão, também tem efeito vinculante sobre situações que, embora distintas, tenham grande semelhança[140]. É o que se conhece no direito norte-americano *comoratio decidendi*.

Aliás, em relação a isto, com opinião divergente da nossa, Benedita Inês Lopes Chaves assim se declarou:

> Em nosso País, lamentavelmente, não foi incluído na Constituição Federal um dispositivo geral para a tutela jurídica à vida do nascituro, delegando-se às leis ordinárias esta incumbência.[141]

De outra banda, note-se que mesmo com as Revisões Constitucionais, a matéria continuou omissa em nossa Carta Magna.

A Constituição sequer fixou o direito à vida do nascituro, consoante se extrai da exata exegese de seu art. 5°, *caput*, conforme se segue:

> Todos são iguais perante a lei, sem distinção de qualquer natureza, garantindo-se aos brasileiros e aos estrangeiros residentes no País, a inviolabilidade do direito à vida, à liberdade, à igualdade, à segurança e à propriedade (...)

Salta aos olhos, que sob a dicção do referido artigo constitucional, é protegida a vida apenas dos brasileiros e estrangeiros residentes no país, não abrangendo, pois, o nascituro, que, à obviedade, não é brasileiro ou estrangeiro. Este entendimento foi inclusive expressamente esplanado no voto vencedor do Ministro Carlos Ayres Britto, na ADIn n. 3.510-0, julgada pelo STF.

---

[140] Cf. MARINONI, Luiz Guilherme. *Precedentes Obrigatórios*. 2. ed. São Paulo: Revista dos Tribunais, 2011, p. 272.

[141] CHAVES, Benedita Inêz Lopes. *A tutela jurídica do nascituro*. São Paulo: LTr, 2000, p. 122.

O STF teve em vista também as consequências que poderiam advir, caso a ação fosse julgada procedente, considerando que estariam automaticamente revogadas as duas exceções legais referentes ao aborto no art. 128 do Código Penal pátrio, quando não há outro meio de salvar a vida da gestante e do aborto em caso de gravidez resultante de estupro. Podemos dizer assim, que a nossa corte suprema também aplicou o que hoje se denomina consequencialismo judicial.

O argumento consequencialista é inseparável da interpretação e da hermenêutica jurídica.

O aplicador deve especificar todos os aspectos necessários à aplicação de determinada norma, preparando elementos para formar uma premissa maior, uma premissa menor e uma consequência.

As decisões que têm por base argumentos consequencialistas procuram se justificar visando às consequências desejáveis ou indesejáveis, que poderiam impactar de forma positiva ou negativa a comunidade.

Por outro lado, a nossa Magna Corte também procurou observar a aplicação de alguns princípios máximos, segundo os quais se deve interpretar as leis infraconstitucionais em conformidade com a Constituição. É o que a doutrina conceitua como princípio da interpretação conforme a Constituição.

Quando julgou improcedente a ADIn n. 3.510-0, o STF, demonstrou obliquamente a vigência integral da primeira parte do art. 2º do Código Civil, e também, de forma direta, manteve em vigor, em sua íntegra, o art. 128, incisos I e II, do Código Penal brasileiro em consonância com o art. 1º, inciso III, e o art. 5º, *caput*, da Constituição Federal. Essa conclusão é óbvia, pois, caso o STF a julgasse procedente, esses dispositivos citados das leis infraconstitucionais estariam automaticamente em desacordo com a Carta Magna.

Por conseguinte, no aborto em caso de gravidez, que resulte risco de morte para a gestante (art. 128, I, do CP), a lei infraconstitucional atende ao princípio da prevalência da vida da pessoa em toda a sua individualidade, sobre a vida do nascituro, que ainda não é pessoa, atendendo, pois, ao *caput* do art. 5 º da Constituição Federal.

De outro lado, o aborto em caso de gravidez resultante de estupro (art. 128, II, do CP), a lei infraconstitucional atende ao princípio da dignidade da pessoa humana, insculpido no inciso III do art. 1º da Constituição Federal, uma vez que o sentimento de repulsa da mulher em manter uma gravidez de seu estuprador não é condizente com a dignidade da pessoa humana.

Poderia-se dizer que se estaria aplicando, nesse caso, a ponderação da lei em tese, pacificamente admitida na doutrina da hermenêutica contemporânea. Entretanto, no caso, na verdade, não há conflito entre princípios, nem entre bens potencialmente iguais, no caso da vida da gestante e da vida do nascituro. São bens virtualmente diversos.

Consoante Jiménez de Asúa, nem o aborto para salvar a mãe ou para não pôr em perigo sua saúde são conflitos de bens iguais. No conceito desse jurista, é indubitável que o feto vive, mas é igualmente certo que não é pessoa. O conceito de vida, para a teologia e para o médico legista, não é o mesmo. Para esse mestre, no caso de um médico que por meio do aborto salva a vida da mãe ou remedeie o risco à sua saúde, sacrificando o feto, não se põe um conflito de bens iguais (a vida do embrião ou do feto e a da mãe). Esta colisão é resolvida pelo médico, salvando a vida da mãe, que é um bem jurídico superior à da vida do embrião, ser ainda em germe[142].

Portanto, foi atendendo ao princípio da interpretação conforme a Constituição, que o STF julgou improcedente a ADIn n. 3.510-0, com argumentos mantendo a constitucionalidade do art. 5º da Lei de Biossegurança, como também da primeira oração do art. 2º do Código Civil, e do inteiro teor do art. 128 do Código Penal e seus incisos.

---

[142] Cf. SOUZA, Alberto R. R. Rodrigues de. *Estado de necessidade*. Rio de Janeiro: Forense, 1979, p. 133.

A ponderação tem se destacado para a escolha e aplicação dos princípios, sem se esquecer do método atribuído à responsividade de Nonet e Selznick[143].

Pensamos que fizemos aqui uma hermenêutica lógica, da ponderação aplicada em caso de lei em tese, perfeitamente admissível e factível.

À medida que a ponderação vai sendo forjada em abstrato ou preventivamente, por meio da discussão de casos hipotéticos ou passados, o juiz terá balizas pré-fixadas quando se defrontar com casos reais. Esse conjunto de ideias conduz à formulação de dois momentos para a ponderação ou de duas modalidades de processos ponderativos, que podem ser denominadas ponderação preventiva ou abstrata e ponderação real ou concreta[144].

Não devemos nos esquecer, outrossim, do atual conceito de sistema, que se admite incompleto, aberto, adaptável e assim, com mobilidade em certas áreas, que está ligado ao denominado *novo pensamento sistemático*.

O *novo pensamento sistemático* reconhece a importância do pensamento lógico-formal, tradicionalmente denominado pensamento sistemático. Observa o sistema e reafirma sua importância prática. Mas não pode furtar-se em apontar a incompletude do sistema, suas lacunas, cláusulas gerais, antinomias, enfim, sua incapacidade de ser um sistema rígido e fechado e ainda assim, responder às constantes modificações sociais e seus reflexos nos princípios e valores essenciais de determinada sociedade[145].

Por conseguinte, a interpretação da Constituição deve fortalecer a democracia e reconhecer os valores e princípios constitucionais, principalmente, os valores da dignidade da pessoa humana,

---

[143] NONET, Philippe; SELZNICK, Philip. *Direito e sociedade*: a transição ao sistema jurídico responsivo. Rio de Janeiro: Revan, 2010.

[144] BARCELLOS, Ana Paula de. *Ponderação, racionalidade e atividade jurisdicional*. Rio de Janeiro: Renovar, 2005, p. 145.

[145] APARÍCIO, Márcia de Oliveira Ferreira. *Sistema e tópica na interpretação do ordenamento*. São Paulo: Manole, 2006, p. 24.

considerada esta em sua acepção unicamente jurídica. A justiça constitucional em todos os países do mundo vem ganhando campo no espectro dos direitos fundamentais, com o reconhecimento de que eles devem encontrar efetividade nos textos constitucionais. Esse é o sentido primordial da jurisprudência dos valores, que vem orientando grande parte da doutrina constitucionalista alemã.

No entanto, deve-se ter em conta que a jurisprudência dos valores não é um método indefectível, pois deve somar-se aos demais métodos interpretativos, mormente ao novo pensamento sistemático, que reconhece a existência de um sistema e afirma sua importância para a descoberta final dos princípios a serem aplicados, principalmente, sob o olhar intrínseco a respeito do sistema sob exame, em tese ou em concreto.

1.1 A Lei de Biossegurança e a ADIn n. 3.510-0 julgada pelo STF

Por termos sobejamente discorrido a respeito, já sabemos que desde a era do Direito Romano há alguma perplexidade entre juristas e legislações para definir e demarcar o início da personalidade civil do homem, como sujeito de direitos.

As doutrinas concepcionista e natalista não chegaram a um embate no período do direito repressivo. Tudo começou no período positivista e liberal do direito autônomo, que teve como ápice a codificação. Hoje, a maioria massiva dos países ocidentais adota a escola natalista, mas não foi sempre assim,

À medida que a ciência foi evoluindo até chegar à atualidade, com a sofisticação dos métodos de fertilização *in vitro*, a Escola Concepcionista vem recuando, criando novas teorias, tal como a que a personalidade civil começa da nidação ou das primeiras formações nervosas do feto, enquanto a Escola Natalista se manteve na mesma posição inicial, de que a personalidade civil da pessoa começa do nascimento com vida, nos termos da primeira parte do art. 2º do Código Civil brasileiro, deixando a segunda parte para as expectativas de direitos.

Na verdade, no julgamento da ADIn n. 3.510-0, eram essas duas correntes doutrinárias que estavam em confronto no Brasil, dividindo de um lado os grupos religiosos conservadores e, de outro, os liberais laicos.

Foi assim que, em 2008, as mais diversas correntes de pensamento brasileiras voltaram os olhos para o julgamento da ação Direta de Inconstitucionalidade proposta pelo então Procurador Geral da República perante o STF, alegando que o art. 5º da Lei Federal n. 11.105, de 24 de março de 2005 (Lei de Biossegurança), violava o disposto no art. 1º inciso III, e no *caput* do art. 5º da Constituição Federal, sob o argumento de que a vida humana tem início desde a fecundação.

Alegava o Procurador Geral da República de então, que a utilização de células-tronco embrionárias, obtidas de embriões humanos produzidos por fertilização *in vitro* e não utilizados nos respectivos procedimentos, feria o princípio da dignidade humana, além de afrontar o *caput* do art. 5º da Constituição Federal, que protege a inviolabilidade do direito à vida dos brasileiros e estrangeiros.

Convencido de que a matéria central versada na referida ADIn é de grande relevância social e que passava a dizer respeito a toda a humanidade, dada a notória importância da pesquisa e terapia com células-tronco para a moderna medicina, o Ministro Relator Carlos Britto determinou realização de audiência pública, atendendo ao mecanismo constitucional da democracia direta ou participativa e da sociedade pluralista de nossos tempos.

Depois de relatar o processo, o Ministro Carlos Britto prolatou seu voto, julgando improcedente a Ação Direta de Inconstitucionalidade, e declarou constitucional o art. 5º da Lei de Biossegurança, que acabou sendo o voto vencedor perante a Suprema Corte.

Foi na presença desse novo processo institucional que, no Brasil, a chamada judicialização da política, comum em democracias avançadas como Alemanha, Itália, Espanha, França, Inglaterra e os Estados Unidos, dentre outros, apontou para uma convergência entre os sistemas da *civil law* e da *common law*.[146]

Mauro Cappelletti com referência a essas duas famílias jurídicas, afirma em síntese, que a conclusão para além das muitas diferenças ainda hoje existentes, há a necessidade comum de confiar ao "terceiro poder" (Poder Judiciário), de modo muito mais acentuado do que em outras épocas, pela formação e evolução do direito.[147]

Constatamos que depois da vigência da Constituição brasileira de 1988, o STF vem, cada vez mais, tomando uma atitude responsiva,[148] entendendo-se o termo responsiva conforme a doutrina de Philippe Nonet e Philip Selznick.

Mais recentemente, a sociedade brasileira testemunhou as decisões da Suprema Corte em relação à união estável homoafetiva e da legalidade da "Marcha da Maconha". Nesses casos, reconheceu a tensão social existente, optando por uma consideração civil da multiplicidade dos interesses diversos em um Estado Democrático de Direito.

O antagonismo exacerbado entre os grupos conservadores e religiosos de um lado e os grupos laicos liberais e progressistas de outro, em relação à utilização das células-tronco embrionárias para fins de terapia e pesquisa, estava por demais tempestuoso antes da ADIn n. 3.510-0.

Não é novidade que os grupos feministas pró-aborto estão em constante conflito ideológico com os grupos religiosos mais conservadores. Esses batem-se pela personalidade civil desde a concepção, enquanto os grupos pró-aborto afirmam, em geral, não haver vida humana antes dos primeiros noventa dias de gestação.

---

[146] Nesse sentido, VIANNA, Luiz Werneck *et al*. *A judicialização da política e das relações sociais no Brasil*. Rio de Janeiro: Revan, 1999, p. 11.

[147] CAPPELLETTI, Mauro. *Juízes legisladores?* Porto Alegre: Fabris, 1999, p. 133.

[148] Cf. NONET, Philippe; SELZNICK, Philip. *Direito e sociedade*: a transição ao sistema jurídico responsivo. Rio de Janeiro: Revan, 2010.

Sob o nosso ponto de vista, a ADIn n. 3.510-0 além de objetivar impedir a pesquisa e terapia com células-tronco, não deixava de ter por alvo, também, barrar de vez, a possibilidade da legalização do aborto no Brasil, pois, caso o embrião congelado fosse considerado juridicamente pessoa, com muito maior razão, também o nascituro, assim deveria ser considerado. Em consequência disso, além do art. 5º da Lei de Biossegurança, restariam inconstitucionais os dispositivos do Código Penal que admitem o aborto para salvar a vida da mãe ou o aborto cuja gravidez é resultante de estupro, além de tornar a primeira parte do art. 2º do Código Civil inconstitucional.

Portanto, caso a ação fosse julgada procedente, haveria um grande retrocesso em relação às democracias mais avançadas, pois colocaria o Brasil em pé de igualdade com os países de legislação absolutamente fechada, caindo no vazio a nossa conquista como Estado laico. Volveríamos à situação inadmissível dos Estados não laicos, a exemplo do que ocorre com muitos estados islâmicos de cunho expressa e inequivocamente religiosos.

O STF, usando claramente as diretrizes do direito responsivo e buscando atender à realidade e à pluralidade de interesses conflitantes entre o progresso da ciência e o movimento feminista de um lado e os grupos religiosos de outro, julgou pela improcedência da ADIn n. 3.510-0, decisão essa que causou grande repercussão nacional e internacional.

Foi assim que a Lei de Biossegurança manteve-se em vigor em sua integralidade, e o Brasil pode contar hoje com pesquisas científicas avançadas na área da biogenética, nos moldes dos países mais civilizados do mundo ocidental.

A respeito dos embriões criopreservados, Luís Roberto Barroso indaga: Por qual fundamento alguém haveria de optar por deixá-los indefinidamente congelados ou descartá-los, em lugar de permitir que eles sirvam ao fim digno de contribuir para a ciência e para a superação do sofrimento de inúmeras pessoas, essas, sim, inequivocamente seres vivos?[149]

Por nossa vez, indagamos: Por que se preocupar com a dignidade humana de um conglomerado de células, em vez de objetivar a dignidade humana dos portadores de doenças crônicas e deficiências físicas?

A Lei de Biossegurança revogou a antiga Lei n. 8.974, de 5 de janeiro de 1995, e alterou o regime jurídico que disciplinava as atividades relacionadas a organismos geneticamente modificados (OGM), regulando-as desde a pesquisa até a comercialização. Disciplinou, também, as atividades que envolvem organismos geneticamente modificados e seus derivados, proibindo a clonagem humana para fins reprodutivos e terapêuticos.

Mas, quanto ao assunto de que tratamos, devemos nos focar, principalmente, no art. 5° da Lei, que permite, para fins de pesquisa e terapia, a utilização de células-tronco embrionárias obtidas de embriões humanos produzidos por fertilização *in vitro* e não utilizados no respectivo procedimento, atendidas as seguintes condições: a) sejam embriões inviáveis; b) sejam embriões congelados há três anos ou mais na data da publicação da Lei; ou c) que, já congelados na data da publicação da Lei, depois de completarem três anos, contados a partir da data de congelamento.

Diz o § 1° que, em qualquer caso, é necessário o consentimento dos genitores.

Já o art. 6°, inciso VI, determina que fica proibida a clonagem humana. O inciso, por não diferenciar a clonagem reprodutiva da clonagem terapêutica,[150] leva-nos a inferir que ambas estão proibidas.

---

[149] BARROSO, Luís Roberto. *Temas de direito constitucional*. Rio de Janeiro: Renovar, 2009, t. IV. p. 520.

[150] A clonagem terapêutica é feita pela transferência do núcleo de uma célula somática, mesma técnica que criou Dolly: o núcleo de uma das células do paciente é transferido para um óvulo doado, que teve, por sua vez, seu núcleo removido. O óvulo é, então, estimulado para agir como se tivesse sido fertilizado, transformando-se num embrião que pode ser fonte de células-tronco embrionárias com

O art. 3º da Lei n. 11.105, de 24 de março de 2005, elenca e explica alguns termos científicos, como: clonagem, organismo geneticamente modificado, clonagem terapêutica, células-tronco embrionárias, etc.

O inciso XI do referido art. 3º, esclarece que células-tronco embrionárias são aquelas células de embrião, que apresentam a capacidade de se transformar em células de qualquer tecido de um organismo. Já o inciso I, explica que organismo é toda entidade biológica capaz de reproduzir ou transferir material genético, inclusive vírus e outras classes que venham a ser conhecidas.

O art. 5º, da lei, e seus incisos I e II permitem, em síntese, para fins de pesquisa e terapia, a utilização de células-tronco embrionárias de embriões inviáveis ou que estejam congelados há três anos ou mais.

Percebe-se disso, que são duas as situações: embriões inviáveis ou embriões congelados há três anos ou mais.

A lei não explica o que seja embrião inviável, mas, por questão de lógica, até certo ponto óbvia, não podem ser embriões mortos, pois, assim, suas células, inclusive as células-tronco, também estariam mortas. O que se deve entender, então, por embriões inviáveis?

Embriões inviáveis são aqueles que, não obstante estarem vivos, não servem mais para a reprodução humana assistida.

Já os embriões congelados há três anos ou mais, a lei, obviamente, os equipara aos embriões inviáveis.

Mas, o que chama mais atenção quanto ao art. 5º da nova Lei de Biossegurança (Lei n. 11.105, de 24 de março de 2005) é seu § 1º, que determina que em qualquer caso é necessário o consentimento dos genitores. Isto é, para que os embriões inviáveis ou congelados há três anos ou mais sejam utilizados para fins de pesquisa e terapia, é sempre necessário o consentimento dos genitores.

---

o mesmo DNA do paciente. (COOKSON, Clive. Células-tronco: restauradoras da vida. *Scientific American Brasil*, ano 4, n. 39, p. 69, ago. 2005)

2. O NASCITURO NO DIREITO PROCESSUAL CIVIL

Não obstante o entendimento de alguma doutrina minoritária, não se deve inferir que o nascituro tenha capacidade processual, como se verá a seguir, e pelo que se infere dos artigos 877 e 878 do Código de Processo Civil.

Esses dispositivos legais foram inseridos no diploma processual civilístico exatamente porque o nascituro não tem capacidade processual e não pode pleitear por si em juízo, nem excepcionalmente, uma vez que não está inserido no art. 12 do CPC.

Apesar dos referidos artigos estarem sob seção com o título "Da Posse em Nome do Nascituro", há de observar-se dos dois artigos de lei, que o sujeito, tanto gramaticalmente quanto juridicamente, é a mulher grávida.

No *caput* do artigo 877, salta aos olhos, que é a mulher o sujeito do verbo. Nos dizeres do artigo 877, a mulher que, para garantia dos direitos do filho nascituro, quiser provar seu estado de gravidez, requererá ao juiz que, ouvido o órgão do Ministério Público, mande examiná-la por um médico de sua nomeação.

Já consoante o art. 878: "Apresentado o laudo que reconheça a gravidez, o juiz por sentença, declarará a requerente investida na posse dos direitos que assistam ao nascituro." Portanto, diferente não é o *caput* do artigo 878, investindo a requerente na posse, e não o nascituro.

Então, a mulher grávida deve recorrer a este instituto, inclusive para investir-se no direito de ação, nos termos do inciso III do art. 83 do Código Civil.

Não se diga que a requerente nesse caso terá a posse representando o nascituro, uma vez que isso não existe em nosso direito. Nada impede que o possuidor tenha um representante, mas jamais o representante possuirá em nome próprio. Observa-se isso porque, mesmo o menor impúbere possui em nome próprio, mediante um representante. O representante do menor impúbere nunca possui em nome próprio. A posse não é transmitida ao representante, mas, sim, ao menor impúbere. No caso em tela, como se observou, a posse é transferida à mãe grávida, e não ao nascituro. Caso ela fosse representante do nascituro, a posse seria transmitida diretamente ao nascituro, que, para exercê-la, seria representado pela mãe. Vê-se, assim, que se trata de situações absolutamente diversas.

Na verdade, há uma impossibilidade fática, como já se disse, do nascituro imitir-se na posse de alguma coisa. Tome-se o termo imissão de posse em sua acepção jurídica.

A tradição do Direito Brasileiro sempre foi nesse sentido. As Ordenações Manuelinas, bem como as Ordenações Filipinas tinham redação semelhante:

> E poderá ouvir e julgar sobre demanda que faça alguma mulher que ficasse prenhe, que a metam em posse de alguns bens, que lhe pertencerem por razão da criança, que tem no ventre.[151]

Dessa forma, também as Ordenações conferiam à mulher grávida a posse dos bens que lhe pertenciam, por razão da criança. Assim, igualmente sob o pálio das ordenações, a posse era conferida à mulher, não se negando a sua qualidade de zeladora das expectativas de direito do nascituro.

A autora da ação é sempre a mãe. Nesse mister, ela não representa ninguém. É ela a titular do direito à tutela jurisdicional. A capacidade processual, por conseguinte, é da mãe, e não do nascituro.

Nesses termos, segundo Carlos Alberto Álvaro de Oliveira, é certa a conclusão de que se a viúva pretender provar a gravidez, sem pedir sua imissão na posse dos direitos do nascituro, porque tal prova lhe deva servir para outro fim, a demanda de constituição de prova há de ser processada como justificação avulsa.[152]

---

[151] ORDENAÇÕES FILIPINAS. Op. cit., III Livro, Título XVIII, Das férias, M.-liv. 3, t. 28, § 7.º, p. 582.

[152] OLIVEIRA, Carlos Alberto Álvaro de; LACERDA, Galeno. *Comentários ao Código de Processo Civil*. 2. ed. Rio de Janeiro: Forense, 1991, v. VIII, t. II, p. 323.

De outra forma, Ovídio A. Baptista da Silva, em relação à legitimação para a *missio ventris nomine*, assevera que "refere-se o Código, no artigo 877, à mulher grávida, sem estabelecer qualquer restrição".[153]

De um modo geral, a doutrina reconhece na sentença de acolhimento do pedido de imissão na posse, prevista no artigo 878, natureza meramente declaratória, sem produzir coisa julgada material, por tratar-se de procedimento meramente administrativo, limitado à verificação do estado gravídico da requerente.

Humberto Theodoro Júnior chega a dizer que tudo, na verdade, não passa de um mero negócio judicial de tutela de interesses privados, configurando tipicamente um procedimento de jurisdição voluntária, semelhante àqueles relacionados com a tutela e a curatela.[154]

De tudo isso, verifica-se o equívoco da doutrina que equipara a posse em nome do nascituro à representação dos direitos do nascituro,[155] ou mesmo conferindo-lhe capacidade processual.

Entretanto, sem embargo do entendimento do mestre, pensamos que à jurisdição voluntária se soma a natureza cautelar da medida e por isso, está estampada em uma seção específica, no Livro III, do Código de Processo Civil, que trata "Do Processo Cautelar", o que fortalece a opinião dos natalistas, de que os direitos do nascituro são expectativas, que merecem salvaguarda, cautelarmente, para o caso do nascimento com vida.

É plausível considerar que a medida é feita em procedimento de jurisdição voluntária, visando acautelar direitos futuros.

Salta aos olhos que a mãe que se socorre dos arts. 877 e 878 do CPC, o faz por precaução (jurisdição voluntária ou não) para resguardar expectativas de direitos do nascituro, provisoriamente, em dependência da ação principal a ser promovida. Não há como negar tal fato.

---

[153] SILVA, Ovídio A. Baptista da. *Do processo cautelar*. Forense: Rio de Janeiro, 1996, p. 494.

[154] THEODORO JÚNIOR, Humberto. Op. cit., p. 524.

[155] OLIVEIRA, Carlos Alberto Álvaro de; LACERDA, Galeno. Op. cit., p. 321.

José Frederico Marques destaca o caráter acessório do processo cautelar,[156] bem como a sua provisoriedade,[157] o que não ocorre em geral com os procedimentos de jurisdição voluntária.

De sobejo, o artigo 7.º do Código de Processo Civil diz que toda pessoa que se acha no exercício dos seus direitos tem capacidade para estar em juízo. O artigo 8.º do mesmo diploma determina que os incapazes (também pessoas) serão representados ou assistidos por seus pais, tutores ou curadores, na forma da lei civil.

Assim, tem capacidade de ser parte toda pessoa natural, não importando a idade, estado mental, sexo, nacionalidade, estado civil, além das pessoas jurídicas.

Outras figuras declinadas expressamente no art. 12 do CPC também têm essa capacidade, como o espólio, a massa falida e o condomínio. No entanto, essas figuras que obviamente não são pessoas, para terem capacidade processual, devem estar expressamente elencadas em lei. Nosso Código de Processo Civil enumera expressamente tais figuras no artigo 12, como o espólio, a massa falida, o condomínio e outros, mas se omite quanto à figura do nascituro.

Infere-se com isso, às claras, que o nascituro para ter seus direitos resguardados em juízo, dependerá de a mulher grávida se socorrer do instituto "Da posse em nome do nascituro, previsto nos arts. 877 e 878 do CPC.

Destarte, para as pessoas físicas, a capacidade de ser parte no processo, começa do nascimento com vida. As medidas processuais que os genitores ou o curador tomam em prol do nascituro têm o escopo de garantir e de defender, como corolário lógico, as expectativas eventuais de direitos que possam ter o *infans conceptus* e não representando-o, como já foi demonstrado ao discorrermos sobre a curatela do nascituro.

Aliás, na prática forense, nem se vislumbra uma forma do nascituro ser parte, encabeçando uma petição, mesmo representa-

---

[156] MARQUES, José Frederico. *Manual de direito processual civil*. Atualizado por Vilson Rodrigues Alves. São Paulo: Bookseller, 1997, v. IV, p. 418.
[157] MARQUES, José Frederico. Op. cit., p. 424.

do, como ocorre com os incapazes e com o espólio, por exemplo, que verdadeiramente são as partes, e figuram na petição inicial ou na contestação, embora representados por quem de direito.

Pontes de Miranda é peremptório ao afirmar que para as pessoas físicas, a capacidade de ser parte começa com o nascimento.[158]

O Código Civil brasileiro, no artigo 5.º, regula a capacidade plena, que é comum nos maiores de 18 anos. No artigo 3.º, regula a incapacidade absoluta, e no 4.º, a incapacidade relativa.

Ora, vimos que o nascituro nem sequer está elencado como incapaz nos artigos 3.º e 4.º do Código Civil e também não está relacionado no artigo 12 do Código de Processo Civil, e, assim, não há que se lhe imputar capacidade processual, nem mesmo representado por seus pais ou curador, nos termos do art. 8.º do diploma processual. Na verdade, não existe essa representação, como já ficou demonstrado.

Não obstante esse entendimento, existem opiniões em contrário, inclusive do Tribunal de Justiça de Minas Gerais.[159]

Acontece, porém, que os requisitos da petição inicial constam do artigo 282 do Código de Processo Civil brasileiro, que, em seu inciso II, exige que a petição inicial indique os nomes, prenomes, estado civil, profissão, domicílio e residência do autor e do réu. Destarte, o segundo requisito da petição inicial é a individuação do autor e do réu, sendo de se notar que é exigida a mesma pormenorização a respeito de ambos na opinião de Pontes de Miranda.[160]

No mesmo sentido ensina *Calmon de Passos*, quando afirma que os requisitos do inciso II, do artigo 282, do CPC, objetivam a individualização das partes e a explicitação de circunstâncias que lhes dizem respeito e podem ser relevantes para o processo. Che-

---

[158] PONTES DE MIRANDA, F. C. *Comentários ao Código de Processo Civil*. 4. ed. revista e aumentada, atualizada por Sérgio Bermudes. Rio de Janeiro: Forense, 1995, t. I, p. 225.

[159] *RT* 625/172.

[160] PONTES DE MIRANDA, F. C. *Comentários ao Código de Processo Civil*... cit., t. IV, p. 10.

ga a afirmar que o prenome, por si só, é insuficiente para a identificação, e que a indeterminação do autor é de todo impossível.[161]

Destarte, infere-se a impossibilidade absoluta de o nascituro ser parte processual mesmo que representado. Quem jamais se fez presente não pode ser representado. O incapaz quando é representado, no processo, não deixa de vir qualificado como autor ou como réu no polo processual. O representante do incapaz nunca é parte processual. O mesmo ocorre com os representantes das pessoas jurídicas e de algumas figuras, como o administrador judicial na massa falida e o inventariante no espólio. Portanto, não se diga que o nascituro é representado por seus genitores ou por seu curador no processo. A impossibilidade de isso ocorrer é total perante nosso ordenamento jurídico.

Só a mulher grávida pode, em nome próprio, resguardar os direitos que porventura caibam ao nascituro.

A nossa jurisprudência caminhou no sentido de que é absolutamente necessário constar da petição inicial, a qualificação do réu, para viabilizar sua identificação e citação pessoal, o que possibilitará, com o julgamento da lide, a formação de coisa julgada perante ele.[162]

Ora, se a jurisprudência assim é em relação ao réu, com muito mais razão segue o mesmo caminho em relação ao autor, uma vez que por questão óbvia, não é possível a indeterminação da parte que se coloca no polo ativo do processo.[163]

Mesmo porque, não é faticamente imaginável como possa um nascituro ser condenado na sucumbência, ou seja, nas despesas

---

[161] PASSOS, José Joaquim Calmon de. *Comentários ao Código de Processo Civil*. 6. ed. Rio de Janeiro: Forense, 1991, v. III, p. 196-197.

[162] Ac. unân. da 4.ª Câm. do TJ/SP, de 09.02.1978, na Apel. 266.731, Rel. Desembargador Sydney Sanches, *RT* 514/70. *Apud* Alexandre de Paula. *O processo civil à luz da jurisprudência*. Rio de Janeiro: Forense, 1986, v. III, p. 263-264.

[163] Ac. unân. da 8.ª Câm. do TJ/SP, de 22.05.1980, na Apel. 3.754-2, Rel. Desembargador Aloysio Alvares Cruz, Revista Jurisprudência do TJ/SP, v. 67, p. 73. *Apud* Alexandre de Paula. *Op. cit.*, p. 264.

processuais e honorários advocatícios e quaisquer outros consectários do sucumbimento.

O novo código de processo civil de 2015 excluiu a posse em nome do nasciturno. Não foi boa medida, pois, era também uma forma de a mãe defender as expectativas de direito do *infans conceptus*, uma vez que lhe falta capacidade jurídica.

3. O NASCITURO NO DIREITO TRIBUTÁRIO

O Direito Tributário é o ramo do direito público que rege as relações jurídicas entre o Estado e os particulares, decorrentes da atividade financeira daquele, que se refere à obtenção de receitas que correspondem ao conceito de tributo.[164]

Tributo em seu conceito mais corrente é o ônus compulsório criado pelo Estado, visando o custeio de serviços públicos.

O tributo é gênero de que são espécies o imposto, a taxa e a contribuição de melhoria.

O imposto é o tributo cuja obrigação tem por fato gerador uma situação independente de qualquer atividade estatal específica relativa ao contribuinte.

Sobre o tema proposto nesta obra, faz mister indagar se o nascituro pode de alguma, forma colocar-se na condição de contribuinte.

Nesse diapasão, podemos indagar da situação do nascituro perante o Imposto sobre o Patrimônio e a Renda, o Imposto sobre a Propriedade Territorial Urbana (IPTU), o Imposto sobre a Propriedade Territorial Rural (ITR), o Imposto sobre a Transmissão de Bens Imóveis (ITBI) e o Imposto sobre Transmissão Causa Mortis e Doações (ITCD).

---

[164] SILVA, Marcelo Abdalla da. *Direito tributário didático.* Belo Horizonte: Inédita, 1996, p. 17.

Quanto aos impostos sobre o patrimônio, podemos declinar o Imposto sobre a Propriedade Territorial Rural e o Imposto sobre a Propriedade Predial e Territorial Urbana, sendo que em ambos o fato gerador é a propriedade, o domínio útil ou a posse por natureza ou por acessão física. O contribuinte do imposto, pois, é o proprietário do imóvel, o titular de seu domínio útil ou o seu possuidor a qualquer título.

Nos impostos sobre a transmissão de bens imóveis, *inter vivos* ou não, o fato gerador é a transmissão da propriedade ou dos direitos reais a ela concernentes, salvo os direitos reais de garantia.

Ora, toda e qualquer transmissão de direitos reais sobre imóveis só ocorre com a transcrição no Registro de Imóveis, nos termos do artigo 176, da Lei 6.015, de 31 de dezembro de 1973.

Como vimos na seção 7 do Capítulo anterior, não é possível ao nascituro registrar um imóvel, pelo simples fato de ele sequer poder ser qualificado. Na verdade ele sequer tem qualquer nacionalidade. Nem apátrida é.

O mesmo ocorre quanto aos bens móveis, uma vez que não há como a *spes personae* imitir-se na posse de algo. A propriedade dos bens móveis transmite-se pela mera tradição, que é exatamente a transmissão que o alienante faz ao adquirente, que, no ato, imite-se na posse do móvel. Como já foi visto, também não há de falar-se que o nascituro imite-se na posse por meio de um representante.

Marcelo Abdalla da Silva menciona:

> Imposto sobre Transmissão Causa Mortis e Doações (ITCD): tem como fato gerador a transmissão causa mortis e doações de quaisquer bens ou direitos, não apenas os bens imóveis. O imposto relativo aos bens imóveis pertencerá ao Estado onde estiverem situados; aquele relativo aos bens móveis será devido ao Estado onde for domiciliado o de cujus ou o doador (CF, art. 155).[165]

---

[165] SILVA, Marcelo Abdalla da. Op. cit., p. 107.

O mesmo autor chama a atenção para o fato de que com a morte termina a personalidade civil, abre-se a sucessão e transmite-se aos herdeiros a herança. O fato gerador não é a morte, mas a transmissão da herança.

Pelo que foi exposto, vemos que caso tivesse sido adotada a escola concepcionista da personalidade civil, o nascituro poderia ser contribuinte dos impostos incidentes sobre o patrimônio. Pela teoria natalista, adotada pelo Código Civil, o nascituro jamais será contribuinte, porque ele nunca chega a ser proprietário no sentido jurídico da palavra.

Os dois impostos sobre a transmissão de bens imóveis também pressupõem a personalidade civil do nascituro para que ele seja contribuinte. O ITCD, principalmente, incidiria caso o nascituro não nascesse com vida, vindo seu patrimônio a ser transmitido a seus herdeiros.

Outrossim, toda e qualquer renda advinda dos bens móveis e imóveis pertencentes ao nascituro seria tributável, obedecendo-se, obviamente, aos percentuais da legislação em vigor, dependendo do valor da renda.

Acontece que, como vimos, o nascituro nunca chega a ser proprietário em sua forma plena e quando a lei diz que o testador pode instituir o nascituro como herdeiro e o doador pode colocá-lo na situação de donatário, significa dizer que a propriedade conferida ao nascituro é mera expectativa, e jamais se consolida enquanto o beneficiário está na condição de nascituro. Caso assim não se entendesse, necessário far-se-ia criar uma forma de registrar a propriedade imobiliária em nome do nascituro, para daí sim, transformá-lo em um contribuinte como outro qualquer.

Nem o direito de *saisine* aproveita o nascituro da mesma forma como ocorre com os herdeiros nascidos na época da abertura da sucessão. Para que a *saisine* ocorra é necessário que no instante da morte do autor da herança o herdeiro exista como pessoa, caso contrário a propriedade não se consolidará plenamente e será mera expectativa de direito.

Por outra forma, obrigatoriamente, o nascituro deveria também ter capacidade processual plena para poder ser demandado pelo Estado, caso ficasse inadimplente com os tributos.

Se o legislador pátrio tivesse adotado a escola concepcionista, de forma incondicional ou mesmo condicional ao nascimento, a consequência lógica seria a admissão do nascituro como contribuinte e como parte passiva nas ações fiscais, administrativas ou judiciais. Assim, mais uma vez, vemos que, às claras, não foi essa a escola que o legislador brasileiro adotou.

O contribuinte do imposto incidente sobre bem imóvel doado ao nascituro, como o ITR e o IPTU, será sempre o doador, que tem o nome inscrito como proprietário do bem doado, pelo menos até que o nascituro venha a nascer com vida, para, só assim, o bem ser a ele transferido no Registro de Imóveis, mas, aí, já não se tratará mais de nascituro, mas, sim, de pessoa nascida, não obstante absolutamente incapaz, por ser menor impúbere.

Da mesma forma, no caso de bens imóveis deixados ao nascituro por testamento, o contribuinte será sempre o espólio.

Nesses casos, havendo inadimplência, a parte passiva para responder pela cobrança deverá ser invariavelmente o doador ou o espólio.

4. O NASCITURO NO DIREITO ADMINISTRATIVO

Alguns autores comparam a tributação com a desapropriação, porque ambas são instrumentos de realização do bem comum pelo Estado.

No Direito Administrativo, vislumbramos, tão somente, a hipótese da desapropriação do patrimônio do nascituro, caso fosse ele pessoa e pudesse ser proprietário de forma plena de alguma coisa.

É certo que a desapropriação pode abranger os imóveis e também os móveis. Assim, não são apenas os bens imóveis que são passíveis de desapropriação. Não obstante isso, José Cretella Júnior chega a afirmar que os bens móveis são expropriáveis por exceção, pois a regra é a desapropriação dos bens imóveis, infungíveis por natureza.[166]

No entanto, na prática forense, jamais testemunhamos a desapropriação pura e simples de um bem móvel. Por isso, iremos nos ater apenas aos bens imóveis ao falarmos da desapropriação, tendo o nascituro como expropriado.

O estudo da desapropriação implica, necessariamente, no conhecimento do instituto da propriedade.

A propriedade dos bens móveis adquire-se com o recebimento do bem por meio da tradição. Assim, imitindo-se na posse, adquire-se a propriedade. Acontece que, como vimos no Capítulo anterior na seção 7, há uma impossibilidade fática do nascituro imitir-se na posse de alguma coisa e, por isso, também a propriedade dos móveis consubstancia-se em expectativa de direito.

São bens imóveis o solo e tudo que se lhe incorporar natural ou artificialmente, além de todos os itens elencados nos arts. 80 e 81 do Código Civil.

Em sentido estrito, só os terrenos deveriam ser considerados imóveis por natureza, uma vez que a sua conversão em bem móvel é impossível sem alteração substancial da sua natureza.

No entanto, sob o ponto de vista jurídico, o solo como coisa imóvel por natureza compreende: I) a superfície de uma determinada porção de terra; II) o que se encontra debaixo desta superfície, salvo as jazidas minerais, que pertencem ao Estado; III) o que se encontra superior à altura do solo, salvo as limitações administrativas.

---

[166] CRETELLA JÚNIOR, José. *Tratado geral da desapropriação*. Rio de Janeiro: Forense, 1980, v. 1, p. 83.

Nos termos do artigo 1.245, inciso I, do Código Civil, a maneira ordinária de adquirir-se a propriedade imóvel é pela transcrição do título de transferência no Registro de Imóvel. A transcrição do título imobiliário equivale à tradição dos bens móveis.

Destarte, o registro imobiliário destina-se a atuar como elemento imprescindível à constituição e transferência da propriedade imobiliária.

No Registro de Imóveis serão feitos o registro e a averbação dos títulos ou atos constitutivos, declaratórios, translativos e extintivos de direitos reais sobre imóveis reconhecidos em lei, *inter vivos* ou *mortis causa*, quer para sua constituição, transferência e extinção, quer para sua validade em relação a terceiros, quer para a sua disponibilidade.

A matrícula imobiliária constitui o cerne do sistema do registro predial brasileiro. Este só será realizado à plenitude com o perfeito atendimento dos requisitos impostos a ela. Assim, além da perfeita identificação do imóvel, há de haver a perfeita qualificação do proprietário. A indicação do proprietário determina a relação jurídica real com a filiação dominial. É o chamado princípio da inscrição, aludido por *Afrânio de Carvalho*.[167] Afirma o autor:

> Ainda que uma transmissão ou oneração de imóveis haja sido estipulada negocialmente entre particulares, na verdade só se consumará para produzir o deslocamento da propriedade ou do direito real do transferente ao adquirente pela inscrição. A mutação jurídico-real nasce com a inscrição e, por meio desta, se exterioriza a terceiros.[168]

Como foi dito anteriormente, para a transcrição ou registro do imóvel, necessário se faz, como requisito primordial, tratando-se de pessoa física, o nome e a nacionalidade do proprietário, o estado civil, a profissão, o número de inscrição no Cadastro de

---

[167] CARVALHO, Afrânio de. *Registro de imóveis*. Rio de Janeiro: Forense, 1976, p. 135.

[168] CARVALHO, Afrânio de. Op. cit., p. 135.

Pessoas Físicas no Ministério da Fazenda ou do registro geral da Cédula de Identidade ou, à falta deste, sua filiação.

Desapropriar significa privar alguém da propriedade, ou tirar ou fazer perder a propriedade, do que decorre ser a desapropriação o ato ou efeito de desapropriar.

Se o vocábulo apropriação, formado de próprio, cognato de propriedade, encerra a ideia fundamental de tornar próprio, o antônimo, desapropriação, agasalha a ideia oposta, de perda da propriedade.[169]

Embora alguns juristas façam distinção entre desapropriação e expropriação, a verdade é que as palavras são sinônimas, e, como tais, são empregadas pela maioria dos autores e pela legislação.

O insigne *Pontes de Miranda*, por exemplo, utiliza indiferentemente os dois termos.

Nossa legislação, apesar de quase sempre referir-se à desapropriação, usa, entretanto, com muita frequência, os vocábulos expropriante, expropriado e expropriando, cujo étimo é o mesmo de expropriação.[170]

Por tudo o que foi expendido, infere-se que da mesma forma como ocorre em relação ao Direito Tributário, só se admitirá a figura do nascituro no Direito Administrativo caso fosse adotada em toda sua plenitude a escola concepcionista, entendendo o nascituro como portador de personalidade civil plena e, como tal, um titular do direito de propriedade também de forma plena, com capacidade processual absoluta, inclusive para ser réu em uma ação de desapropriação, ainda que representado por seus genitores ou um curador.

No entanto, sabemos que essa não é a realidade, nem foi essa a escola adotada por nossa legislação.

O nascituro não tem propriedade plena de nada, mas, sim, como *spes personae*, tem expectativa do direito de propriedade e

---

[169] CRETELLA JÚNIOR, José. Op. cit., p. 14.
[170] SALLES, José Carlos de Moraes. *A desapropriação à luz da doutrina e da jurisprudência*. 2. ed. São Paulo: RT, 1992, p. 20.

nenhuma capacidade processual. A qualificação do nascituro para ser parte passiva no direito processual é impossível, assim como sua qualificação para ser proprietário de um imóvel, nos termos dos artigos 282 do Código de Processo Civil e 176 da Lei de Registros Públicos, respectivamente.

5. O NASCITURO NO DIREITO DO TRABALHO

Não se entende porque alguns acórdãos do Tribunal Superior do Trabalho consideraram que a estabilidade provisória da gestante repousa no fato objetivo da gravidez em proteção aos direitos do nascituro.[171]

Tanto o artigo 7.º, inciso XVIII, da Constituição Federal, quanto os artigos 391, 392 e 393 da CLT, afirmam categoricamente que o sujeito de direito é a gestante, tanto que o salário-maternidade é indevido quando a rescisão do contrato de trabalho ocorre por iniciativa da empregada gestante.[172]

O auxílio-natalidade ou auxílio-maternidade é pacificamente considerado prestação única devida ao segurado pelo nascimento de filho, e, destarte, sendo a mãe a segurada, claro está que é ela a única beneficiária.

Outrossim, a Súmula 244 do TST determina que a garantia de emprego à gestante não autoriza a reintegração, assegurando-lhe apenas o direito a salários e vantagens correspondentes ao período e seus reflexos. É de se deduzir que, mesmo depois de nascido, o beneficiário é sempre a mãe, que no período de 120 dias tem condições físicas precárias de trabalho, principalmente a operária, e, por isso, é ela o sujeito do direito e não o nascituro ou o recém-nascido.

A Convenção n. 3 da Organização Internacional do Trabalho, que foi a primeira a respeito da matéria, tendo entrado em vigor

---

[171] TST, RR-73400, 5.ª T., DF. Rel. Antônio Maria Thaumaturgo Cortizo. Publicado no *DJU* 25.02.1994, p. 2748. *Apud* Fácil Jurisprudência para Windows, 1996.

[172] TST, RR. 5.017/84. José Ajuricaba. Ac. 1.ª T., 6.304/85. Apud Valentin Carrion. *Comentários à Consolidação das Leis do Trabalho.* 15. ed. São Paulo: RT, 1992, p. 253.

a partir de 13 de junho de 1921, assegurou à mulher empregada, independentemente de seu estado civil, uma licença remunerada compulsória de seis semanas antes e seis semanas após o parto, além de dois intervalos de trinta minutos cada um, para aleitamento. A mesma Convenção considerou ilegal a dispensa da empregada durante a gravidez, por ocasião do parto e da licença compulsória.

As demais convenções e recomendações da OIT mantiveram-se na mesma linha até a atualidade.

Essas normas fundamentam-se na salvaguarda da saúde da mulher, uma vez que durante a gestação ela não se limita a servir de habitação do feto, mas, na verdade, fica sujeita a variações psicológicas complexas, que a afetam física e psiquicamente. Todo esse processo leva a uma situação de *stress* capaz de gerar inúmeros transtornos físicos e psiquiátricos do tipo neurótico, acompanhados de grande ansiedade.[173]

Em órbita do Direito Trabalhista, todos os direitos das mulheres foram conquistados a duras penas, ao longo de anos de lutas intermináveis. Portanto, esse direito pertence à mulher, pois fora conquistado por ela, e não ao nascituro, como se fosse um ato de benevolência do legislador trabalhista.

Alice Monteiro de Barros, em clarividente página, ensinou:

> a proteção à maternidade reveste-se de uma particular significação. É que, atualmente, a função de procriação, dada a possibilidade de um planejamento familiar, só afeta um período reduzido da vida profissional da mulher, o que é comprovado pelo elevado número de mães jovens na população economicamente ativa. Impõe-se, portanto, a preservação do emprego, não só durante a licença maternidade, mas por toda a gravidez e até por um período pós-parto, a fim de que a gestação e a maternidade não constituam obstáculo aos seus interesses profissionais, mais precisamente, ao prosseguimento da carreira. Aliás, a legislação ordinária dos países já demonstram uma tendência para assegurar o emprego da mulher não só durante a licença

---

[173] BARROS, Alice Monteiro de. *A mulher e o direito do trabalho*. São Paulo: LTr, 1995, p. 39.

maternidade, mas desde o início da gravidez até um determinado período após o parto, pois, em geral, quando do retorno ao trabalho, é ela vítima de represália do empregador, temeroso dos ônus que as responsabilidades familiares lhe poderão acarretar.[174]

A mesma autora noticia que em 1992 a Comunidade Europeia adotou a Diretiva n. 85, a fim de que fosse generalizada, em todos os países que a integram, a licença-maternidade de quatorze semanas, sem prejuízo do salário integral e das férias. A duração da licença encontra-se em consonância com a Recomendação n. 95 da OIT.[175]

Por conseguinte, infere-se que os arestos que consideram a estabilidade provisória da gestante um direito do nascituro não se coadunam com o sistema do ordenamento jurídico brasileiro, nem com outros ordenamentos jurídicos, e muito menos com o verdadeiro escopo que motivou as normas quanto à proteção da gravidez e da maternidade.

Existem também outras opiniões, no sentido de que a indenização por acidente de trabalho visa a beneficiar o nascituro, entretanto, refutamos essas opiniões com os mesmos argumentos dos arestos colacionados infra, em relação ao seguro obrigatório de veículos automotores.

Outrossim, as opiniões concepcionistas no Direito do Trabalho chocam-se frontalmente com o próprio Direito Penal, que prefere a vida e a saúde da gestante, em detrimento da vida do nascituro, nos casos do aborto terapêutico ou do aborto humanitário, como se verá mais adiante nesta obra.

6. O NASCITURO NO STF

Preliminarmente, trazemos à baila um breve relato da emblemática decisão da ADIn n. 3.510-0, julgada pelo STF em 2008, que nos

---

[174] BARROS, Alice Monteiro de. Op. cit., p. 63.
[175] Idem, p. 50.

possibilitou dar maior completude ao tema na atualidade como veremos a seguir:

> No dia 31 de maio de 2005, o então Procurador-Geral da República, Cláudio Lemos Fonteles, moveu ação direta de inconstitucionalidade sob o argumento de que o art. 5º da Lei de Biossegurança (Lei n. 11.105/2005) feria de inconstitucionalidade o *caput* do art. 5º e o inciso III do art. 1º da Constituição Federal em uma peça bem argumentada e enumerando importantes estudos, afirmando que a vida humana começava desde a fecundação, ou seja, desde a concepção.
>
> A Presidência da República de então manteve o argumento de constitucionalidade e o Congresso Nacional a seguiu nesse mesmo sentido, por meio da Advocacia-Geral da União.
>
> O processo foi distribuído para o Ministro Carlos Ayres Britto, que inovou fazendo uma audiência pública, onde foram discutidas várias questões a respeito e a ética do uso de embriões criopreservados em terapias e pesquisas com células-tronco.
>
> O Ministro Carlos Ayres Britto, então relator do processo, no dia 5 de março de 2008, apresentou o seu voto dividido em 70 itens, cujo raciocínio foi seguido pelo da Ministra Ellen Gracie e, logo a seguir, o Ministro Menezes Direito pediu vistas do processo e este foi suspenso.
>
> Ao final, seis ministros julgaram o art. 5º da Lei de Biossegurança totalmente constitucional, dois ministros votaram pela constitucionalidade da lei fazendo ressalvas de que as pesquisas deveriam ser rigorosamente fiscalizadas pela Comissão Nacional de Ética em Pesquisa (Conepe); três ministros manifestaram-se no sentido de que a pesquisa só poderia ser realizada se os embriões não fossem destruídos.
>
> Em conclusão, todos os ministros votaram pela constitucionalidade do art. 5º da Lei de Biossegurança, seja no todo, seja em parte.
>
> No dia 5 de junho de 2008, a decisão foi publicada no *Diário Oficial da União*, acompanhando o voto do relator, Ministro Carlos Ayres Britto.

Por ser um ente mais próximo do embrião congelado, o Ministro Relator Carlos Ayres Britto, em seu voto vencedor, adentrou profundamente no tema nascituro no direito brasileiro.

Este é o teor do *caput* do art. 5º da Constituição Federal, que os concepcionistas alegavam que a Lei de Biossegurança o havia infringido:

> Art.5º: Todos são iguais perante a lei, sem distinção de qualquer natureza, garantindo-se *aos brasileiros e aos estrangeiros* residentes no País a inviolabilidade do *direito à vida*, à liberdade, à igualdade, à segurança e à propriedade (...).

Ora, nem o nascituro, nem o embrião congelado têm nacionalidade ou podem considerar-se estrangeiro, motivo pelo qual foi a ADIn n. 3510-0 julgada improcedente.

Salta aos olhos que para ter nacionalidade é preciso nascer. Até para ser apátrida é imprescindível o nascimento com vida.

Nos itens 18 a 24 do voto, o Ministro Carlos Ayres Britto adentra no tema nascituro conforme transcrito abaixo.

> 18. Ainda assim ponderadamente posto (a meu juízo), é todo esse bloco normativo do art. 5º da Lei de Biossegurança que se vê tachado de contrariar por modo frontal o Magno Texto Republicano. Entendimento que vai ao ponto de contrabater a própria abertura ou receptividade da lei para a tese de que as células-tronco embrionárias são dotadas de maior versatilidade para, orientadamente, em laboratório, "se converter em qualquer dos 216 tipos de célula do corpo humano" (revista Veja, Editora Abril, edição 2050 – ano 41 – nº 9, p. 11), de sorte a mais eficazmente recompor a higidez da função de órgãos e sistemas da pessoa humana. Equivale a dizer: a presente ADIn consubstancia expressa reação até mesmo à abertura da Lei de Biossegurança para a idéia de que células-tronco embrionárias constituem tipologia celular que acena com melhores possibilidades de recuperação da saúde de pessoas físicas ou naturais, em situações de anomalias ou graves incômodos genéticos, adquiridos, ou em conseqüência de acidentes.
>
> 19. Falo 'pessoas físicas ou naturais', devo explicar, para abranger tão-somente aquelas que sobrevivem ao parto feminino e por isso mesmo contempladas com o atributo a que o art. 2º do Código Civil Brasileiro chama de 'personalidade civil', literis: 'A personalidade civil da pessoa começa do nascimento com vida; mas a lei põe a salvo, desde a concepção, os direitos do nascituro'. Donde a interpretação de que é preciso vida pós-parto para o ganho de uma personalidade

perante o Direito (teoria 'natalista', portanto, em oposição às teorias da 'personalidade condicional' e da 'concepcionista'). Mas, personalidade como predicado ou apanágio de quem é pessoa numa dimensão biográfica, mais que simplesmente biológica, segundo este preciso testemunho intelectual do publicista José Afonso da Silva: 'Vida, no texto constitucional (art. 5°, *caput*), não será considerada apenas no seu sentido biológico de incessante auto-atividade funcional, peculiar à matéria orgânica, mas na sua acepção biográfica mais compreensiva (...)'.5

20. Se é assim, ou seja, cogitando-se de personalidade numa dimensão biográfica, penso que se está a falar do indivíduo já empírica ou numericamente agregado à espécie animal-humana; isto é, já contabilizável como efetiva unidade ou exteriorizada parcela do gênero humano. Indivíduo, então, perceptível a olho nu e que tem sua história de vida incontornavelmente interativa. Múltipla e incessantemente relacional. Por isso que definido como membro dessa ou daquela sociedade civil e nominalizado sujeito perante o Direito. Sujeito que não precisa mais do que de sua própria faticidade como nativivo para instantaneamente se tornar um rematado centro de imputação jurídica. Logo, sujeito capaz de adquirir direitos em seu próprio nome, além de, preenchidas certas condições de tempo e de sanidade mental, também em nome próprio contrair voluntariamente obrigações e se pôr como endereçado de normas que já signifiquem imposição de 'deveres', propriamente. O que só pode acontecer a partir do nascimento com vida, renove-se a proposição.

21. Com efeito, é para o indivíduo assim biograficamente qualificado que as leis dispõem sobre o seu nominalizado registro em cartório (cartório de registro civil das pessoas naturais) e lhe conferem uma nacionalidade. Indivíduo-pessoa, conseguintemente, a se dotar de toda uma gradativa formação moral e espiritual, esta última segundo uma cosmovisão não exatamente darwiniana ou evolutiva do ser humano, porém criacionista ou divina (prisma em que Deus é tido como a nascente e ao mesmo tempo a embocadura de toda a corrente de vida de qualquer dos personalizados seres humanos). Com o que se tem a seguinte e ainda provisória definição jurídica: vida humana já revestida do atributo da personalidade civil é o fenômeno que transcorre entre o nascimento com vida e a morte.

22. Avanço no raciocínio para assentar que essa reserva de personalidade civil ou biográfica para o nativivo em nada se contrapõe aos comandos da Constituição. É que a nossa Magna Carta não diz quando começa a vida humana. Não dispõe sobre nenhuma das formas de vida humana pré-natal. Quando fala da "dignidade da pessoa humana" (inciso III do art. 1°), é da pessoa humana naquele sentido

ao mesmo tempo notarial, biográfico, moral e espiritual (o Estado é confessionalmente leigo, sem dúvida, mas há referência textual à figura de Deus no preâmbulo dela mesma, Constituição). E quando se reporta a 'direitos da pessoa humana' (alínea *b* do inciso VII do art. 34), 'livre exercício dos direitos (...) individuais' (inciso III do art. 85) e até dos 'direitos e garantias individuais' como cláusula pétrea (inciso IV do § 4º do art. 60), está falando de direitos e garantias do indivíduo-pessoa. Gente.

Alguém. De nacionalidade brasileira ou então estrangeira, mas sempre um ser humano já nascido e que se faz destinatário dos direitos fundamentais 'à vida, à liberdade, à igualdade, à segurança e à propriedade', entre outros direitos e garantias igualmente distinguidos com o timbre da fundamentalidade (art. 5º). Tanto é assim que ela mesma, Constituição, faz expresso uso do adjetivo 'residentes' no País (não em útero materno e menos ainda em tubo de ensaio ou em 'placa de Petri'), além de complementar a referência do seu art. 5º 'aos brasileiros' para dizer que eles se alocam em duas categorias: a dos brasileiros natos (na explícita acepção de 'nascidos', conforme as alíneas *a, b* e *c* do inciso I do art. 12) e brasileiros naturalizados (a pressupor formal manifestação de vontade, a teor das alíneas *a, b* do inciso II do mesmo art. 12).

23. Isto mesmo é de se dizer das vezes tantas em que o Magno Texto Republicano fala da 'criança', como no art. 227 e seus §§ 1º, 3º (inciso VII), 4º e 7º, porque o faz na invariável significação de indivíduo ou criatura humana que já conseguiu ultrapassar a fronteira da vida tão-somente intrauterina. Assim como faz o Estatuto da Criança e do Adolescente (Lei Federal nº 8.069, de 13 de julho de 1990), conforme este elucidativo texto: 'Art. 2º Considera-se criança, para os efeitos desta Lei, a pessoa até 12 (doze) anos de idade incompletos, e adolescente aquela entre 12 (doze) e 18 (dezoito) anos de idade'. Pelo que somente só é tido como criança quem ainda não alcançou 12 anos de idade, a contar do primeiro dia de vida extrauterina. Desconsiderado que fica todo o tempo em que se viveu em estado de embrião e feto.

24. Numa primeira síntese, então, é de se concluir que a Constituição Federal não faz de todo e qualquer estádio da vida humana um autonomizado bem jurídico, mas da vida que já é própria de uma concreta pessoa, porque nativiva e, nessa condição, dotada de compostura física ou natural. É como dizer: a inviolabilidade de que trata o artigo 5º é exclusivamente reportante a um já personalizado indivíduo (o inviolável é, para o Direito, o que o sagrado é para a religião). E como se trata de uma Constituição que sobre o início da vida humana é de um silêncio de morte (permito-me o trocadilho), a questão não reside

OS DIREITOS DO NASCITURO

exatamente em se determinar o início da vida do *homo sapiens*, mas em saber que aspectos ou momentos dessa vida estão validamente protegidos pelo Direito infraconstitucional e em que medida. Precisamente como esclareceu Débora Diniz, na mencionada audiência pública, *verbis*: 'Quando a vida humana tem início? O que é vida humana? Essas perguntas contêm um enunciado que remete à regressão infinita: as células humanas no óvulo antes da fecundação, assim como em um óvulo fecundado em um embrião, em um feto, em uma criança ou em um adulto. O ciclo interminável de geração da vida humana envolve células humanas e não humanas, a tal ponto que descrevemos o fenômeno biológico como reprodução, e não simplesmente como produção da vida humana. Isso não impede que nosso ordenamento jurídico e moral possa reconhecer alguns estágios da Biologia humana como passíveis de maior proteção do que outros. É o caso, por exemplo, de um cadáver humano, protegido por nosso ordenamento. No entanto, não há como oferecidas a uma pessoa adulta com as de um cadáver. Portanto, considerar o marco da fecundação como suficiente para o reconhecimento do embrião como detentor de todas as proteções jurídicas e éticas disponíveis a alguém, após o nascimento, implica assumir que: primeiro, a fecundação expressaria não apenas um marco simbólico na reprodução humana, mas a resumiria euristicamente; uma tese de cunho essencialmente metafísico. Segundo, haveria uma continuidade entre óvulo fecundado e futura pessoa, mas não entre óvulo não fecundado e outras formas de vida celular humana. Terceiro, na ausência de úteros artificiais, a potencialidade embrionária de vir a se desenvolver intra-útero pressuporia o dever de uma mulher à gestação, como forma a garantir a potencialidade da implantação. Quarto, a potencialidade embrionária de vir a se desenvolver intra-útero deveria ser garantida por um princípio constitucional do direito à vida'.

Destarte, como se depreende do voto vencedor, prolatado pelo Relator, claramente, o acórdão da ADIn 3510-0 reafirmou que assim como o embrião congelado, também o nascituro não tem personalidade civil no ordenamento jurídico brasileiro.

Não há como se estender o direito à vida, referido no art. 5º da Constituição Federal, nem aos nascituros, nem aos embriões congelados, considerando que o *caput* deste artigo, conforme entendimento do STF na ADIn n. 3510-0 protege apenas os nativivos.

Essa foi a *ratio decidendi* que o Supremo Tribunal Federal usou para julgar improcedente a referida Ação Direta de Inconstitucionalidade.

O aplicador deve especificar todos os aspectos necessários à aplicação de determinada norma, preparando elementos para formar uma premissa maior, uma premissa menor e uma consequência.[176]

A nossa Magna Corte também procurou observar a aplicação de alguns princípios máximos, segundo os quais se deve interpretar as leis infraconstitucionais em conformidade com a Constituição. É o que a doutrina conceitua como princípio da interpretação conforme a Constituição.

Mister consignar outrossim, como se vê às claras, que a tese vencedora nesta ADIn foi expressamente a da Teoria da Escola Natalista da personalidade civil, defendida pela Advocacia Geral da União em sua peça de defesa.[177]

Consigne-se que, de acordo com o art. 102, § 2º, da Constituição Federal, as decisões das ações diretas de inconstitucionalidade têm efeito vinculante. Outrossim, forte tendência doutrinária nacional vem defendendo também o efeito vinculante da fundamentação dessas mesmas decisões, desde que constituam sua *ratio decidendi*.

No magistério de *Luiz Guilherme Marinoni*, com a expressão eficácia transcendente da motivação se pretende passar o significado de eficácia que, advinda da fundamentação, recai sobre situações que, embora especificamente distintas, têm grande semelhança com a já decidida e, por isso, reclamam as mesmas razões que foram apresentadas pelo tribunal ao decidir. Assim, se a norma constitucional X foi considerada inconstitucional em virtude

---

[176] ÁVILA, Humberto. *Teoria dos princípios*: da definição à aplicação dos princípios jurídicos. 12. ed. São Paulo: Malheiros, 2011, p. 67.

[177] ADIn 3.510. Disponível em: <http://www.migalhas.com.br/mostra_noticia. aspx? cod=38404>. Acesso em: 20 out. 2011.

das razões Y, a norma constitucional Z, porém, substancialmente idêntica à X, exige a aplicação das razões Y.[178]

Na discussão inédita no Supremo Tribunal Federal sobre a antecipação de parto de feto anencefálico, que fora objeto da Arguição de Descumprimento de Preceito Fundamental (ADPF) proposta pela Confederação Nacional dos Trabalhadores na Saúde (CNTS), o Ministro Marco Aurélio de Melo concedeu liminar autorizando a antecipação terapêutica do parto, ou seja, a interrupção da gravidez nos casos de fetos com anencefalia, sem autorização judicial específica e sem que os envolvidos viessem a sofrer qualquer sanção penal.[179]

Importa ressaltar que apesar de o Código Penal brasileiro dispor somente sobre dois permissivos legais em que o aborto não é punido, os tribunais brasileiros, desde a década de 1990 já vinham concedendo autorização judicial para a interrupção da gravidez em caso de fetos portadores de anencefalia e outras doenças incompatíveis com a vida extrauterina.[180]

Destarte, foi muito significativa a procedência da Ação de Descumprimento de Preceito Fundamental (ADPF) número 54, que foi impetrada perante o Supremo Tribunal Federal, requerendo a manifestação desta Suprema Corte sobre a constitucionalidade ou não da interrupção da gravidez em caso de fetos anencefálicos.[181]

Não se pode deixar de registrar, o importante e significante acórdão do Supremo Tribunal Federal, em 1984, que negou ao nascituro a possibilidade de anular venda a outro descendente, sem seu consentimento, mesmo por meio de representante, cujo

---

[178] MARINONI, Luiz Guilherme. *Precedentes obrigatórios.* 2. ed. São Paulo: Revista dos Tribunais, 2011, p. 272-273.

[179] Cf. GALDINO, Elza. *Estado sem Deus: a obrigação da laicidade na Constituição.* Belo Horizonte: Del Rey, 2006, p. 96.

[180] Cf. EMMERICK, Rulian. *Aborto: (Des)criminalização, Direitos Humanos e Democracia.* Rio de Janeiro: Editora Lumen Juris, 2008, p. 60.

[181] Idem. Ibdem.

voto vencedor foi o do Ministro Moreira Alves, e a ementa foi a seguinte:

> Nascituro-Proteção de seus direitos, na verdade proteção de expectativa, que se tornará direito, se ele nascer vivo. Venda feita pelos pais à irmã do nascituro. As hipóteses previstas no Código Civil, relativas a direito do nascituro, são exaustivas, não os equiparando em tudo ao já nascido.[182]

Nesse sentido, é imprescindível colacionar, para melhor esclarecimento, em síntese, o voto vencedor do Ministro Moreira Alves, quando examina o mérito da questão, no aresto supracitado, decidindo sobre a taxatividade dos direitos do nascituro:

> Os civilistas brasileiros em geral, não se detêm – como deveriam – no exame, mais aprofundado, no sentido da norma contida no artigo 4.º do CC. Constituem exceção Eduardo Espinola e Eduardo Espinola Filho, que, no Tratado de Direito Civil Brasileiro, vol. X/456 e ss., n. 92, sustentam a interpretação restritiva adotada pelo acórdão do TJSP trazido a confronto, a qual, a meu ver, é a correta. Destaco estas palavras dos citados autores:
>
> 'Ademais, o que é preciso evitar é tomar ao pé da letra o adágio – *infans conceptus pro jam nato habetur quoties de ejus commodis, agitur* – que concorreu para generalizar-se, na lição dos autores e nas prescrições dos códigos, a afirmação de que, nascendo vivo, o ente humano é como se tivesse existido desde a sua concepção, para tudo aquilo que lhe é juridicamente proveitoso (i). Donde a falsa compreensão de uma antecipação ou retrotraimento de personalidade (j) cuja estranheza ressalta, pela circunstância de só ser admitida no que beneficia, exclusivamente ao nascituro.
>
> 'Adverte, com toda razão, Coviello que o aforisma tradicional apenas se deve considerar como a expressão genérica de particulares disposições de lei, tendo por fim a tutela dos interesses do nascituro, e não como um princípio geral, a aplicar-se também aos casos não contemplados expressamente na lei (k).
>
> De feito, é um ponto assente que se não podem generalizar os casos, em que a lei encara os interesses do ente concebido e não nascido, sendo impossível estender a proteção a outros. Já Dernburg adver-

---

[182] RE 99.038.1/MG. 2.ª T., j. 18.10.1983. Rel. Ministro Décio Miranda. *DJU* 05.10.1984. Ementário 1.352-2.

tira sobre a necessidade de restringir-se a fixação de personalidade ao fim, que lhe deu causa (l). Preocupa-se Pacchioni, igualmente, em recomendar, quanto à regra – *nasciturus pro jam nato habetur quoties de ejus commodis agitur* que, para evitar erros fáceis, se não desatenda a que: em primeiro lugar, não constitui ela um princípio de direito, que se possa aplicar livremente, mas é, antes, uma fórmula compreensiva para indicar os vários provimentos positivos de lei, fixando a proteção; e, em segundo lugar, a que, mesmo restritamente entendida, não induz o reconhecimento de direitos ao nascituro, como tal, mas lhos reserva para o caso de vir a nascer (m). Frisa Rotondi que se trata de casos, que não podem deixar de considerar-se de todo excepcionais, esses em que se concede tutela jurídica, na previsão da possibilidade de surgir um novo sujeito, eis que se lhe apresentam com 'tutti i caratteri di vere e proprie deroghe apportate al princípio fondamentale del nostro Diritto che le persone fisiche sole hanno piena e intatta la capacità giuridica'.

Muito sensata, pois, é a abstenção dos códigos alemão e japonês, não consignando, como declaração geral, a proteção dos interesses do nascituro, mas detalhando, quando se apresentam os casos, as expectativas de direito que se atribuem ao ser humano concebido, mas não nascido.

Evitou, felizmente, o Código Civil brasileiro, a declaração de que, no que tange aos seus interesses, é o nascituro equiparado ao já nascido, como fazem outros, numa fórmula tão incorreta, quanto falsa.

'Mas, estabelecendo o art. 4.º do nosso estatuto civil que 'a lei põe a salvo, desde a concepção, os direitos do nascituro', urge considerar que se trate, não de direitos naturais e reais, mas de expectativas, que se tornarão direito, se ele nascer vivo, e que só nos casos expressamente fixados pelo Direito Positivo, há essa proteção de interesses, para cuja efetividade o art. 462 determina a nomeação de um curador falecendo o pai e não tendo a mãe o pátrio poder' (ob. cit., 460-462).

Acrescento, apenas, que essa exegese restritiva do art. 4.º do CC se impõe em face da interpretação sistemática da mesma Codificação. Com efeito, se o sentido do citado artigo 4.º fosse o de abarcar quaisquer vantagens, como o era o do princípio romano 'infans conceptus pro iam nato habetur quotiens de eius commodis agitur', não se justificaria que o mesmo Código Civil ressalvasse, expressamente, certas expectativas do nascituro (arts. 229, 353, 338, II, 363, I e II, 1.169 e 1.718) que estariam necessariamente abarcadas pela regra geral. E, pela mesma razão, não haveria necessidade de se incluir, na alteração do teor original do art. 372 desse Código feita pela Lei 3.133/57, o nascituro ('Não se pode adotar sem o consentimento do adotado ou de seu representante legal se for incapaz ou NASCITURO')'. As ressalvas traduzem, pelo contrário, a necessidade de explicitarem as expectativas que a lei põe a salvo em favor do nascituro'.

Como se vê então, o aresto do STF supracolacionado, em outras palavras e de forma coloquial, permite a venda a descendente sem a *"anuência do irmão nascituro"*, porque esse não é um direito expressamente declinado em lei a favor do *infans conceptus*.

Capítulo V

O nascituro no direito penal

1. O CONCEITO DE ABORTO

A controvérsia sobre os direitos do nascituro, em órbita do direito penal, cinge-se ao crime de aborto.

Pelo termo aborto (do latim *abortus, ab, privação; ortus, nascimento*), entende-se a interrupção da gravidez, com a morte do feto, antes de sua viabilidade extrauterina. É a morte do produto da concepção antes das 22 semanas de vida dentro do útero materno, porque dificilmente seria viável fora do útero com menos de 180 dias de gestação.

Aborto é uma corruptela da palavra abortamento, que é o termo correto empregado nos meios médicos.

Abortamento é a perda de uma gravidez antes que o embrião, e posterior feto, seja capaz de vida independente da mãe. É a expulsão do feto anterior ao termo natural. Interrupção provocada de uma gravidez.

Na maioria dos países desenvolvidos o abortamento voluntário é permitido em até 12 semanas.

Segundo *Rulin Emmerick*, o aborto não foi tipificado como crime nas ordenações do Reino de Portugal Afonsinas, Manoelinas e Filipinas, cuja prática só passou a ter *status* de crime no Brasil império, com a promulgação do código criminal de 1830. Contudo, sob o referido Código, pairavam dúvidas se a conduta condenava terceiros com o consentimento da mulher que praticavam o aborto, ou se também condenavam a mulher, no caso de autoaborto, uma vez que o dispositivo legal era obscuro.[183]

Desde os tempos remotos, o abortamento era indicado quando, em determinados casos, o feto em evolução ameaçava a vida ou a saúde da gestante. É o chamado aborto necessário ou terapêutico.

Em alguns países, é lícito o aborto eugênico, que é aquele praticado na presunção de que o futuro filho herdaria de seus genitores, doenças e anormalidades físicas ou psíquicas. No Brasil, a prática desse tipo de aborto jamais encontrou permissão legal. Entretanto, nessa vereda de entendimento, houve em 1997, acórdão do Tribunal de Alçada de Minas Gerais, que decidiu autorizar aborto com a interrupção da gravidez em caso de constatação de feto com má-formação congênita, *encefalocele occipital*, capaz de reduzir em 50% a probabilidade de nascimento com vida, e, na hipótese de sobrevida, se houver possibilidade de ocorrer, em 90% dos casos, o retardo mental. Arrematou o acórdão que na decisão judicial, é melhor que se fique com a realidade, se existente descompasso entre esta e a norma jurídica.[184]

---

[183] Op. cit., p. 56-57.
[184] Apelação Cível n. 230.209-6. Rel. Juiz Ferreira Esteves da 1.ª Câmara Criminal do TAMG. *Diário do Judiciário*. "Minas Gerais", n. 80, de 1.º de maio de 1997, p. 13.

Sabemos que o Judiciário brasileiro vem autorizando o aborto de fetos anencéfalos e recentemente, como vimos, o STF decidiu no mesmo sentido.

Por conseguinte, essas decisões se colocaram em convergência com a doutrina natalista, uma vez que tais acórdãos não seriam compatíveis com a doutrina concepcionista, que às claras, sempre os combateram.

O aborto sentimental ou humanitário é o que se dá quando a gravidez resulta de estupro, e a prática é precedida do consentimento da gestante ou, quando incapaz, de seu representante legal.[185]

2. O ABORTO NA HISTÓRIA

A prática do aborto é tão antiga quanto o homem. As mulheres nunca deixaram de realizá-lo, apesar das sanções, controles e legislações surgidas por meio da história da humanidade.

Sócrates era partidário de facilitar o aborto quando a mulher o desejasse e o seu discípulo Platão propôs, em seu escrito A *República*, que as mulheres de mais de 40 anos deveriam abortar obrigatoriamente e aconselhava o aborto para regular o excessivo aumento de população. Também Aristóteles era favorável ao aborto em caso de excesso de população.

Segundo Danda Prado, os primeiros dados históricos de que dispomos referentes ao aborto são do Código de Hammurabi, 1700 a.C. Nele, considera-se o aborto como um crime acidental contra os interesses do pai e do marido, e também, uma lesão contra a mulher. Deixava-se, no entanto, bem claro que o marido era o prejudicado e o ofendido economicamente.

A mesma autora afirma que no Livro do Êxodo, da lei hebraica (1000 a.C.), se diz textualmente "Se qualquer homem durante uma briga espancar uma mulher grávida provocando-lhe um

---

[185] JESUS, Damásio E. de. *Código Penal anotado*. 2. ed. São Paulo: Saraiva, 1991, p. 335.

parto prematuro, sem mais outro prejuízo, o culpado será punido conforme o que lhe impuser seu marido ou o arbítrio social". Condena-se aqui, aquele que provocou o aborto com violência, mas sempre sujeitando-o ao prejuízo econômico que for causado ao marido da vítima.[186]

As primeiras referências ao aborto no direito romano apareceram no Digesto. A pena para quem o praticasse era o desterro. Em princípio, punia-se o aborto por razões referentes à indignidade da mulher em não dar herdeiros ao marido. Mais tarde, o Digesto começou a castigar a prática do aborto com a pena de morte, por razões exclusivamente morais.

No artigo 302 do Código Penal Brasileiro de 1891 era permitido o aborto necessário, para salvar a vida da gestante, pelo médico ou pela parteira, que só poderiam ser punidos se ocasionassem a morte da gestante por imperícia ou negligência.

Comentando este artigo, Galdino Siqueira afirma que "o princípio de repressão do aborto tem como razão precípua a proteção da *spes hominis*, do ser que vive e que tem probabilidade de viver autonomicamente no futuro".[187]

3. O ABORTO NO DIREITO BRASILEIRO ATUAL

No Direito Penal brasileiro atual, são expressamente considerados lícitos, isto é, não puníveis, o aborto necessário e o aborto sentimental ou humanitário. O primeiro é permitido no Código Penal, em seu artigo 128, inciso I, e o segundo, no inciso II.

Outrossim, em nosso Ordenamento Jurídico não se pune o aborto culposo e o aborto natural. Ou seja, o aborto natural, como é curial, e o acidental não constituem crime. No primeiro, há interrupção espontânea da gravidez. O segundo geralmente ocorre

---

[186] PRADO, Danda. Op. cit., p. 42.
[187] SIQUEIRA, Galdino. *Direito penal brasileiro*. 2. ed. Rio de Janeiro: Jacyntho, v. II, 1932, p. 593.

em consequência de traumatismo, nos dizeres de *Damásio E. de Jesus*.[188]

Além do Código Penal, há outras normas jurídicas que punem aspectos correlatos ao aborto.

Assim, a Lei de Contravenções Penais que, em seu artigo 20, proíbe anunciar processo, substância ou objeto destinado a provocar aborto, com a finalidade de preservar a espécie humana, evitando a diminuição da natalidade.

Há ainda o artigo 395 da Consolidação das Leis do Trabalho que, se interpretado em sentido inverso, infere-se negar o repouso remunerado e o direito à estabilidade à mulher, em caso de aborto criminoso.

Também os códigos de ética dos médicos sempre puniram o aborto criminoso.

No Código Penal Brasileiro o aborto é tratado nos artigos 124 a 128, impropriamente, sob o Título "Dos Crimes Contra a Pessoa".

A denominação do título sob o qual o aborto é tratado é considerada, por nós, como imprópria, porque, como foi visto, embora o nascituro tenha vida humana, juridicamente não pode ser considerado pessoa.

Entretanto, por outro lado, consideramos própria a denominação do capítulo, no qual está inserido o crime de aborto no Código Penal Brasileiro, "Dos Crimes Contra a Vida", uma vez que evidentemente trata-se de vida humana embrionária. Não obstante, achamos mais própria a denominação do capítulo que regra o crime de aborto no Código Penal Português, "Dos crimes contra a vida intra-uterina".

Sabemos que é muito comum certos institutos aparecerem mal localizados na lei, em capítulos e seções que nem sempre guardam correlação com eles, mas também, seria demasiado rigor exigir que o legislador criasse um título especial para o crime de

---

[188] JESUS, Damásio E. de. Op. cit., p. 328.

aborto, principalmente, tendo em vista que certamente trata-se de um crime contra uma expectativa de pessoa.

Jiménez de Asúa nega que nas hipóteses de aborto necessário ocorra, efetivamente, um conflito entre dois bens iguais, ou seja, vida contra vida. Afirma:

> Nem a embriotomia, nem o aborto para salvar a mãe ou para não pôr em perigo a sua saúde, são conflitos de bens iguais. É indubitável que o feto viva, mas é igualmente certo que não é pessoa. O conceito de vida, para a teologia e para o médico legista, não é o mesmo. O feto vive e por isso o feticídio e o aborto consistem em matar o feto ou embrião; mas ele só é tido como pessoa, em virtude de ficções, para quanto o favorece. No caso de que um médico, mediante a embriotomia ou por meio de aborto, salve a vida da mãe ou remedeie o risco à sua saúde, sacrificando o feto ou destruindo o fruto da sua concepção, não se põe um conflito de bens iguais (a vida do embrião ou do feto e a da mãe) (...).[189]

Dessarte, o aborto para salvar a mãe, ou para não pôr em perigo a sua saúde, demonstra que não há um conflito entre bens iguais, isto é, a vida da pessoa por nascer, em confronto com a vida da pessoa nascida.

Ademais, no chamado aborto humanitário, no caso em que a gravidez resulta de estupro, na verdade, o legislador coloca o sentimento de repulsa da gestante, de ter um filho de seu estuprador, em grau superior à vida do nascituro.

Não se diga que, nesses casos, o que predomina é a causa de antijuridicidade do estado de necessidade, pois, a essa descriminante, também o nascituro teria igual direito contra a mãe, caso fosse ele pessoa. Entretanto, o legislador não levou em consideração a presumível vontade e instinto de sobrevivência do *infans conceptus*, exatamente por não ser ele considerado pessoa, e não se tratarem de bens de igual valor, a vida da gestante e a vida daquele que está por nascer. A figura jurídica do Estado de Necessidade é uma via de mão dupla.

---

[189] ASÚA, Jiménez de. *Apud* SOUSA, Alberto R. R. Rodrigues de. Op. cit., p. 133.

Por sua vez, há uma substancial diferença no *quantum* entre as penas em abstrato dos crimes de homicídio e as penas conferidas às diversas modalidades do crime de aborto. Nem o próprio aborto provocado por terceiro tem pena igual ao do homicídio simples. Nesses moldes, demonstra, mais uma vez, o legislador pátrio, que a vida do nascituro e a vida da pessoa nascida não constituem bens de igual valor jurídico.

Somente o aborto provocado por terceiro, qualificado pela morte da gestante, tem pena igual ao do homicídio simples, de 6 a 20 anos de reclusão. Nesse caso, porém, há que se salientar que a qualificadora é resultante da morte de uma pessoa, isto é, a morte da gestante, provocada dolosamente por terceiro.

De tudo o que foi expendido, depreende-se que, se o nascituro fosse considerado pessoa, mesmo diante do Direito Penal, não haveria necessidade de o legislador criar o tipo penal do crime de aborto, pois estaria a conduta do abortamento subsumida na conduta prevista no artigo 121 do Código Penal, "matar alguém". Isto é, caso o nascituro fosse pessoa, matar o embrião, ou o feto, seria homicídio, não havendo necessidade de o legislador criar o tipo penal do aborto.

Por conseguinte, ao contrário do que pensam os concepcionistas, é justamente porque o legislador criou o tipo penal do aborto que há de se concluir, peremptoriamente, não ser o nascituro pessoa, nem para o Direito Penal, uma vez que se fosse pessoa, o crime obrigatoriamente seria de homicídio, ou seja, matar alguém, sendo desnecessária a figura penal do aborto.

Depreende-se, assim, que o aborto é um crime praticado contra uma *spes personae*, e não contra uma pessoa no sentido jurídico do termo.

Segundo Aurélio Buarque de Holanda Ferreira, o vocábulo "alguém" significa "alguma pessoa".

Fosse o nascituro "alguém", nenhuma política criminal e nenhum motivo juridicamente relevante justificaria a criação do crime de aborto, máxime, com uma pena significativamente inferior ao do crime de homicídio. É claro que matar o nascituro seria homicídio. Nenhum argumento consistente, salvo o dos natalistas, explica tal atitude do legislador.

Confrontando-se o artigo 121 com os artigos 124 a 128 do Código Penal, infere-se que o abortamento é um crime diverso de "matar alguém", porque não significa o mesmo que matar "alguma pessoa". Cada um dos tipos penais declinados tem um núcleo absolutamente diverso.

Por sua vez, é importante salientar que, ao contrário do homicídio, o aborto culposo não é punível enquanto tal.

No homicídio é protegida a vida extrauterina, ou seja, a vida da pessoa portadora, obviamente, de personalidade civil. Já no aborto, o Direito Penal protege tão somente a vida intrauterina, isto é, a vida da *spes personae*.

Os concepcionistas não explicam porque o Direito Penal não pune o aborto culposo, que ocorre até com certa frequência. Caso fosse o nascituro pessoa, a destruição de sua vida, de forma culposa, seria considerada homicídio culposo ou, ao menos, aborto culposo. Porém, sequer como dito, está previsto o aborto culposo como tipo penal.

Ademais, não existe, em nosso Ordenamento Jurídico, a figura autônoma do crime de lesão corporal praticada contra o nascituro, crime também sob o título "Dos Crimes Contra a Pessoa", fato perfeitamente possível na vida cotidiana, uma vez que existe a possibilidade de um agente praticar lesões corporais ao nascituro, sem atingir a gestante. No mínimo, praticar vias de fato contra a gestante e lesão corporal ao feto. Nesse caso, o agente responderia apenas pela contravenção penal de vias de fato contra a pessoa da gestante, que seria a única ofendida.

Caso o Direito Penal admitisse o nascituro como pessoa, fatalmente, teria que prever, além do homicídio culposo, também o aborto culposo e ainda o crime de lesões corporais, das quais fosse ele vítima, já que também se trata de um crime contra as pessoas.

Os concepcionistas não explicam essas indagações, preferindo o sofismático argumento de que se o nascituro tem "direitos", ele deve ser considerado pessoa.

Ora, o Direito deve ser interpretado de forma sistemática, como um organismo único. Ele nunca deve ser visto em compartimentos herméticos, por matérias separadas, como se não houvesse conexão entre elas, interpretando-se um mesmo instituto de forma desigual, apenas porque se o observa em disciplina diversa, mesmo que em diplomas legais diferentes. Nenhuma razão lógica e coerente pode explicar tal atitude de um hermenêuta. Principalmente agora, com a decisão do STF na ADIn 3510-0.

Outrossim, a condição jurídica da personalidade deve ser compreendida à luz do Direito Civil, no qual está definida e conceituada, e nunca no Direito Penal, que não a define. O conceito de pessoa é fornecido pelo Direito Civil e sempre foi assim. Por isso, o conceito de pessoa deve ser entendido consoante o seu diploma legal originário e assim, só a partir dele, deve-se interpretar o instituto na Ordem Jurídica. O Ordenamento Jurídico é uno, embora maleável. Não há como reparti-lo em porções estanques e divorciadas umas das outras, como se entre elas não houvesse conexão.

Veja-se que basta o nascimento com um único sopro de vida para que exista pessoa e para que a destruição desta vida seja considerada homicídio, mesmo o infanticídio, que não deixa de ser uma forma de homicídio.

Logo após o nascimento com vida, pode o neonato vir a ser vítima do crime de homicídio culposo e do crime de lesões corporais, que são fatos atípicos antes do nascimento. Isto é, o homicídio culposo e as lesões corporais, em nosso sistema, só são crimes se praticados contra o nascido. O nascituro pode ser vítima desses crimes, mas o fato não é típico.

Como se disse, nem no Direito Penal podem os concepcionistas sob as bases de sua doutrina, explicar tal conduta do legislador. A escolha do nosso sistema pela escola natalista é flagrante.

De tudo o que foi expendido, infere-se que o Direito Penal brasileiro só pune o aborto em proteção ao nascituro, enquanto *spes personae*, não como pessoa.

Dessa forma, coloca-se um ponto final nas digressões dos concepcionistas, que elegem a penalização do aborto como um dos pilares para a defesa da personalidade civil do nascituro.

4. O ABORTO SOB O CONCEITO DA ESCOLA NATALISTA

Sob a doutrina natalista podem ser agasalhadas duas opiniões em relação ao aborto: a do aborto livre e legalizado e a do aborto criminoso.

Como dissemos, a criminalização do aborto não é incompatível com a teoria natalista. Advogar a teoria natalista não significa ser automaticamente favorável à legalização indiscriminada do aborto.

Entretanto, aqueles que são favoráveis à descriminalização e legalização do aborto só encontram guarida de suas opiniões sob o pálio da doutrina da escola natalista. De forma contrária, não é possível a legalização do aborto sob os conceitos da escola concepcionista da personalidade civil.

Na verdade, nem mesmo o aborto terapêutico e o sentimental encontram amparo na doutrina da escola concepcionista, considerando que essa escola já admite o embrião e o feto como pessoa. Assim, admitir-se o aborto sob os domínios da escola concepcionista seria o mesmo que legalizar-se o homicídio, mesmo nos casos do art. 128 do CP.

O aborto de anencéfalo que pouco a pouco foi admitido em nossos tribunais, mesmo sob o nosso atual Ordenamento Jurídico, também só é possível, porque nosso Direito Positivo adotou a escola natalista e não a concepcionista. Sob o entendimento desta última escola, o aborto eugênico seria análogo à eutanásia, proibido em nosso mundo jurídico.

Destarte, do que foi até aqui esplanado, infere-se que a adoção da escola concepcionista é absolutamente inconcebível, tanto em relação aos que são contra a legalização do aborto, quanto aos que são a favor. Na verdade, diante dos avanços da biogenética, como se verá, tornou-se impossível admitir-se de forma coerente, a adoção da doutrina concepcionista. Essa doutrina acabou por tornar-se incompatível com a ciência moderna, em relação à embriologia.

O Código Civil de 2002 e mesmo o Código Penal brasileiro recepcionaram muito bem o moderno método da interpretação conforme a Constituição, adotado nos países civilizados e em nossa Constituição Federal.

Aliás, foi aplicando a interpretação conforme a Constituição, que o STF julgou improcedente a ADIn 3510-0, permitindo a pesquisa e a terapia com células-tronco embrionárias.

5. A LEGALIZAÇÃO DO ABORTO SOB O CONCEITO DA ESCOLA NATALISTA

Como se disse, mesmo adotando-se a doutrina natalista, pode-se coerentemente ser contra ou a favor da legalização do aborto.

Aqueles que são favoráveis ao aborto livre afirmam que consiste verdadeira hipocrisia a penalização do aborto, uma vez que se trata de um problema que afeta milhares de mulheres e famílias e nada reprime.

Os partidários dessa opinião afirmam que um dos países mais conservadores do mundo em matéria de legislação sobre o assunto é o Brasil, que se equipara, nesse sentido, às nações islâmicas.

Assevera-se que o temor que a legalização do aborto aumente o número de casos é uma visão equivocada sobre o tema, pois, nos países onde o aborto foi legalizado, os casos registrados caíram substancialmente e, outrossim, menos mulheres morreram com o aborto legalizado.

Um dos países com o menor índice de abortos no mundo é a Holanda, porque além de legalizado, o tema é objeto de campanha de educação sexual e os métodos contraceptivos são amplamente aplicados, com apoio estatal.

Os defensores da legalização do aborto acatam os princípios do Estado Liberal, em que as normas devem permitir que os cidadãos e cidadãs atuem de acordo com seus princípios e valores morais particulares, mas não devem, por exemplo, obrigar o Estado a impor um castigo às mulheres, ou aos casais, que decidirem fazer um aborto, uma vez que a condenação do aborto depende de valores e princípios morais específicos que variam de um grupo para outro.[190] Ou seja, em um Estado laico e liberal, deve prevalecer a idiossincrasia e o livre arbítrio de cada um, não devendo o setor público invadir a liberdade de consciência do indivíduo. Quem for contra o aborto, que não o pratique, sem condenar ou proibir o livre arbítrio de quem é a favor. O Estado não deve ser intervencionista a ponto de se imiscuir em um assunto tão pessoal.

No Brasil, alguns juízes e tribunais vêm concedendo autorizações para a interrupção médica da gravidez por anomalia fetal, ou seja, vêm autorizando o aborto nesses casos, que não são previstos em nossa legislação, fundamentando as suas decisões em analogia com o aborto em caso de estupro, quando o legislador teve em mente a manutenção da saúde mental da mãe, e, assim, analogicamente, consideram que nos casos de anomalia do feto, existem, igualmente, graves ameaças à saúde mental das mães. Fundamentam também, que o aborto por má formação do feto, no qual há graves defeitos, só não foi autorizado pelo Código Penal de 1940, porque, quando de sua elaboração, não havia tecnologia suficiente para identificar as doenças físicas e mentais do ser em desenvolvimento.

---

[190] OLIVÉ, Leon. *Epistemologia na ética e nas éticas aplicadas in Bases Conceituais da Bioética: enfoque latino-americano.* Organizadores, GARRAFA, Volei; KOTTOW, Miguel; e SAADA, Alya. Tradução Luciana Moreira Pudenzi, Nicolás Nymi Campanário. São Paulo: Editora Gaia, 2006, p. 125.

Sem contar que existe a chamada "pílula do dia seguinte", que pode ser comprada em qualquer farmácia, para as mulheres que tenham mantido uma relação sexual e, estando na dúvida se ficaram grávidas ou não, tomam essa pílula que corta qualquer possibilidade do progresso da gravidez. Nesse caso, salta aos olhos que, se tiver havido uma concepção, tratar-se-á, por parte da mulher, de uma conduta típica penalmente, que é a de aborto com dolo eventual. Embora a matéria tenha sido pacificada. Deverá ser estudada com maior acuidade pelos criminalistas e pelo Ministério da Saúde, enquanto a legislação atual se mantiver. Devemos também anotar que, mesmo entre os partidários do aborto livre, que são necessariamente natalistas, é pacífico o entendimento de que o aborto só deve ser realizado depois que falharam todas as alternativas para evitar a gravidez.

Capítulo VI

A existência jurídica da pessoa natural como consequência do nascimento com vida

1. O NASCIMENTO DA PESSOA NATURAL

A consequência lógica do nascimento com vida, no sistema adotado pelo nosso Ordenamento Jurídico, é a existência da pessoa natural, portadora da personalidade civil plena. Portanto, em nosso Direito, em conformidade com a maioria das legislações vigentes, e em harmonia com a escola natalista, hoje generalizada em todo o mundo, são exclusivamente dois os requisitos para que a pessoa natural tenha, inicialmente, a personalidade civil: a) o nascimento; b) a vida extra-uterina. Em outras palavras, exige-se apenas que nasça com vida.

Nascido com vida, a prova do nascimento é feita, de regra, pela certidão do respectivo assento no Registro Civil das Pessoas Naturais. Todo nascimento ocorrido no território nacional deve ser declarado para registro. Assim, após o nascimento, o fruto do ser humano já é pessoa, e, como tal, é capaz de direitos e deveres, independentemente do requisito da vitalidade.

Antes do parto, o feto não é pessoa, é uma porção da sua mãe, uma parte desta, como se afirma nas fontes romanas mencionadas. Antes do nascimento o nascituro não tem vida própria e independente, pois é alimentado pelo sangue materno. Até operar-se o nascimento, o nascituro está ligado ao corpo materno, em razão mesmo da sua existência, inteiramente dependente, alimentado por intermédio da placenta, cuja vida só tem existência intrauterinamente. *Partus enim, antequam edatur, mulieris portio est, vel viscerum.*[191]

A fecundação realiza-se quando o espermatozoide consegue romper a capa protetora e introduzir-se por inteiro no óvulo.

Após 24 horas da fecundação, o óvulo começa a dividir-se, primeiro em duas células iguais (clones). Após 40 horas, divide-se em quatro células. No quinto ou sexto dia, o óvulo já completou o seu caminho até o útero. Quando já estiver implantado no útero,[192] no sétimo ou oitavo dia, já se dividiu muitas vezes e terá cerca de 150 a 200 células, parecendo-se com uma amora, quando se denomina mórula. É o início da gestação.

Da fecundação ao parto, o que existe é uma *spes personae*, mais comumente denominada "nascituro".

O trabalho de parto progride por etapas. De 15 a 20 dias antes do nascimento, o útero da mãe sofre modificações perceptíveis, o que quer dizer que o feto iniciou sua marcha para a vida extra-uterina. Haverá o trabalho de parto propriamente dito, consistente

---

[191] O Parto, antes que seja dado à luz, é porção da mulher ou de suas vísceras.
[192] É a chamada nidação.

nas contrações uterinas automáticas, acompanhadas por um derrame mucoso estriado de sangue.

Transcorrido certo tempo, a bolsa rompe-se, o que permite que a cabeça do feto aproxime-se da vulva, a qual se dilata gradualmente, até que um novo esforço permita a passagem da cabeça e dos ombros da criança e ela se desligue totalmente da mãe, dando-se então o nascimento.

O nascimento com vida é o fato jurídico gerador da personalidade civil da pessoa. Se o neonato é um natimorto, diz-se que nunca existiu. O registro de natimorto é obrigatório, uma vez que é fato jurídico e assim, produz efeitos jurídicos, como a concessão de salário maternidade para a gestante.

Para a ONS, natimorte é aquela que se dá antes que o concepto seja expulso ou extraído completamente do organismo materno, independentemente da duração da prenhez. Portanto, todo concepto nascido morto deve ser chamado de natimorto.

Consoante o art. 53, § 1º, da Lei n. 6.015/73, no caso de ter a criança nascido morta, será o registro feito no livro 'C Auxiliar', no Registro Civil das Pessoas Naturais, com o índice em nome do pai ou da mãe, dispensando o assento de nascimento.

Deve-se assinalar que ao natimorto não deve ser dado qualquer nome, por se tratar de direito da personalidade, não adquirida, devendo-se evitar a utilização da expressão "feto".

No entender majoritário da doutrina relativa ao assunto, o registro de natimorto deverá conter:

a) o dia, mês, ano e lugar do nascimento e a hora certa caso seja possível determiná-la ou ao menos, aproximada;

b) o fato de ser gêmeo caso assim ocorra;

c) o sexo, a idade gestacional e a cor do natimorto;

os nomes completos, a naturalidade e a profissão dos pais do natimorto, além dos nomes dos avós paternos e maternos;

d) se a morte foi natural ou violenta e a causa;

e) o lugar do sepultamento, cremação ou uso do corpo para fins científicos. Por sua vez, a Organização Mundial da Saúde também enuncia que "a expressão natimorto (ou nascido morto) refere-se ao óbito fetal tardio, ou seja, o óbito ocorrido antes da expulsão ou extração do corpo materno de um produto da concepção que tenha alcançado vinte e oito semanas completas ou mais de gestação".[193] Devemos observar que a Organização Mundial da Saúde assim enuncia, porque, antes de 28 semanas, considera a expulsão do feto um aborto.

Na verdade, a criança nasce quando é retirada do seio materno com vida. Caso contrário, não se pode dizer que tenha ocorrido nascimento.

Sustentam Eduardo Espinola e Eduardo Espinola Filho:

> É absolutamente indiferente que o parto seja a termo, tardio ou precoce, eis que haja o nascimento, pois, nascendo, *a spes humana* adquire independência, e, de feto, torna-se criança, com individualidade própria, logo que deixa de ser parte das vísceras maternas. E, com o fato de, então, distinguir-se fisicamente da genitora, de tornar-se uma individualidade física autônoma, torna-se, também, uma personalidade jurídica autônoma, distingui-se, juridicamente, da sua mãe.[194]

Entretanto, necessário faz-se que o filho separe-se completamente do corpo materno, não bastando, assim, apenas a saída da cabeça. Só se considera perfeitamente nascido aquele que se destacou completamente do corpo da mãe. Sabe-se que o cordão umbilical só deve ser cortado quando cessam as pulsações arteriais da placenta, podendo-se dizer, então, que consumou o parto. Não quer isso dizer que, enquanto não cortado o cordão umbilical, não tenha consumado o nascimento, que é coisa muito diferente.

Outrossim, mister se faz lembrar que o nascimento também pode se dar por meio do fórceps ou da operação cesariana.

---

[193] Idem, p. 322.
[194] ESPINOLA, Eduardo, ESPINOLA FILHO Eduardo. *Tratado de direito civil brasileiro...* cit., v. X, p. 505.

Destarte, para que haja personalidade civil, é totalmente indiferente que o nascimento provenha de parto natural ou com o auxílio de recursos da medicina.

Conforme definição da Organização Mundial da Saúde:

> nascimento com vida se dá com a expulsão ou extração completa do corpo da mãe, independentemente da duração da gravidez, de um produto de concepção que, depois da separação, respire ou apresente qualquer outro sinal de vida, tal como batimentos do coração, pulsações do cordão umbilical ou movimentos efetivos dos músculos de contração voluntária, estando ou não cortado o cordão umbilical e estando ou não desprendida a placenta. Cada produto de um nascimento que reúna essas condições se considera como uma criança viva.[195]

De tudo isso, infere-se o motivo de a esmagadora maioria dos ordenamentos jurídicos mundiais, consonantes com a Organização Mundial da Saúde, confere incomensurável importância à determinação do nascimento com vida. Toda a ciência existente em torno do reconhecimento imediato do "nascimento com vida", como a docimasia hidrostática e o estudo histológico do pulmão, converge-se para a verificação da existência da personalidade civil do neonato, nos termos fixados pela primeira parte do artigo 2.º do Código Civil Brasileiro.

Por fim, consigne-se que no item 29 do seu voto na ADIn 3510-0, o Relator Ministro Carlos Ayres Britto assevera que:

> o embrião é o embrião, o feto é o feto e a pessoa humana é a pessoa humana. Esta não se antecipa à metamorfose dos outros dois organismos. É o produto final dessa metamorfose. O sufixo grego 'meta' a significar, aqui, uma mudança tal de estado que implica um ir além de si mesmo para se tornar um outro ser. Tal como se dá entre a planta e a semente, a chuva e a nuvem, a borboleta e a crisálida, a crisálida e a lagarta (e ninguém afirma que a semente já seja a planta, a nuvem, a chuva, a lagarta, a crisálida, a borboleta). O elemento anterior como que tendo de se imolar para o nascimento do posterior. Donde não

---

[195] ZACHARIAS, Manif; ZACHARIAS, Elias. *Dicionário de Medicina Legal*. Curitiba: Ed. Universitária Champagnat, 1991, p. 321.

existir pessoa humana embrionária, mas embrião de pessoa humana, passando necessariamente por essa entidade a que chamamos 'feto'.

2. A VERIFICAÇÃO E A PROVA DA VIDA EXTRAUTERINA

Destarte, para fixar-se o início da existência de uma pessoa, não basta o nascimento. O neonato há de nascer com vida. Como proclamava o Digesto, aquele que nasce morto é como se nunca tivesse sido sequer concebido.

Não se consumando o nascimento com vida, pouco importa que a morte tenha ocorrido antes ou durante o parto. Não há pessoa nos dizeres de Eduardo Espinola.

Nos mesmos termos, *Eduardo Espinola* e *Eduardo Espinola Filho* proclamam:

> Com a vida, verifica-se a existência do novo ser, independente da genitora, que até então, com o seu corpo, dava alimento e dava ar ao pequenino ente, cuja existência, ligada e subordinada à sua, era, simples e exclusivamente, intra-uterina; e, pois, para que haja vida da nova criatura, é necessária essa independência física, corporal, da sua existência desligada do corpo materno extra-uterinamente.[196]

Por sua vez, as manifestações mais evidentes da vida já são verificáveis na fase intrauterina, como os movimentos. Essas manifestações de vida devem se verificar depois do nascimento para que o neonato seja considerado pessoa.

O conceito de vida extrauterina é antigo, bastando que a criança tenha agitado levemente os membros, ter tido alguma pulsação e leve respiração para que seja considerada tendo nascido com vida.

Em muitos casos a existência da pessoa é demasiadamente rápida e fugaz, e só o parecer de um profissional médico pode concluir acerca do fato da vida extra-uterina. Caso o parto não

---

[196] ESPINOLA, Eduardo; ESPINOLA FILHO, Eduardo. *Tratado de direito civil brasialeiro... cit.*, p. 508.

Os Direitos do Nascituro

tenha sido realizado por um médico, somente a perícia médico-legal poderá determinar se a criança nasceu com vida, isto é, se chegou a existir uma pessoa.

Os métodos médico-legais para a constatação da vida extra-uterina são vários, mas o mais usado é o da Docimasia Hidrostática de Galeno, baseada na diferença de peso específico entre o pulmão que respirou e o que não respirou, mergulhados na água. O primeiro, por se achar com os alvéolos dilatados e impregnados de ar, sobrenada, ao passo que o segundo, compacto e vazio, com as paredes alveolares colabadas e, por conseguinte, mais denso, vai ao fundo.

Assim, consiste o processo em mergulhar os pulmões do recém-nascido em um recipiente cheio de água. Se sobrenadam é porque contém ar, provando que a criança respirou e constituiu-se em pessoa, no sentido jurídico do termo. Caso contrário, a ausência de ar demonstra a existência de um natimorto, já que não houve vida extra-uterina e nenhum efeito jurídico sobreveio.

Muitas vezes, porém, pode ocorrer que o pulmão do neonato já venha impregnado de líquido, dificultando assim o exame da Docimasia Hidrostática de Galeno. Nesse caso, os médicos legistas geralmente optam pela Docimasia Pulmonar Histológica, que consiste na apreciação dos diferentes aspectos com que se apresentam os alvéolos pulmonares. O pulmão que respirou apresenta dilatação uniforme nos alvéolos. O pulmão que não respirou apresenta as paredes alveolares coladas. Melhor dizendo, se os alvéolos estão distendidos, houve nascimento com vida, caso contrário, não.

Outras docimasias existem, embora menos usadas, uma vez que nem sempre são necessárias, como a docimasia pulmonar visual, que consiste no exame dos pulmões a olho nu, observando-se o seu volume. Existem ainda: a docimasia óptica de Icard,[197] a

---

[197] Consiste no exame microscópico de um fragmento de pulmão, esmagado em uma lâmina, quando a observar-se pequenas bolhas de ar na película esmagada infere-se que houve respiração. Caso contrário, não houve nascimento com vida.

docimasia química de Icard,[198] a docimasia radiográfica de Bordas,[199] a docimasia epimicroscópica pneumoarquitetônica[200] e as docimasias respiratórias indiretas,[201] todas com o fito de verificar se o recém-nascido respirou, isto é, se teve vida extra-uterina, se chegou a se constituir em uma pessoa no sentido jurídico do termo, na forma adotada pela primeira parte do artigo 2.º do Código Civil Brasileiro, ou seja, na forma da escola natalista sobre o conceito da personalidade civil.

Como já se disse, a docimasia que sempre foi a mais usada é a Hidrostática de Galeno, que se supõe ter sido praticada pela primeira vez em 1670, pelo físico Rugger, de Pressburgo, mas que só em 1683 teve aplicação judiciária, empregada por Schreyer, na cidade de Zeitz, na Silésia.[202]

---

[198] Recolhe-se um fragmento da parte central do pulmão, que é passado rapidamente em álcool absoluto e, a seguir, mergulhado em solução alcoólica de potassa cáustica a 30%. Essa solução dissolve o estroma pulmonar, liberando bolhas de ar, deduzindo-se que houve respiração. Do pulmão que não recebeu ar, não se desprendem essas bolhas.

[199] Baseada na opacidade ou transparência dos pulmões ao exame radiográfico. Serão opacos os pulmões que não respiraram e transparentes aqueles que receberam oxigênio.

[200] Consiste no exame da superfície externa dos pulmões.

[201] Consiste na verificação se o recém-nascido respirou, tendo vida extrauterina, pelo exame de outros órgãos que não os pulmões, como: a) docimasia gastrointestinal de Breslau, que busca observar se há ar no tubo digestivo por deglutição. São retirados o estômago, o intestino delgado e o intestino grosso, e depois mergulhados num recipiente com água: se flutuarem, houve respiração; se afundarem, não houve vida extra-uterina; b) docimasia auricular, que se baseia na existência de ar na caixa do tímpano, ali penetrando através da Trompa de Eustáquio, sempre que tenha havido respiração. A prova é realizada com a punção da membrana do tímpano embaixo da água. Tendo havido respiração, desprende-se uma bolha de ar que sobe à superfície; c) docimasia pneumo-hepática, baseada na comparação entre o conteúdo sangüíneo do pulmão e do fígado; d) docimasia hemato-pneumo-hepática, com base na determinação da hemoglobina do pulmão e do fígado; e) docimasia siálica, que pesquisa a presença de saliva no estômago do recém-nascido. In: ZACHARIAS, Manif; ZACHARIAS, Elias. *Dicionário de medicina legal*. Op. cit., p. 138-139.

[202] ESPINOLA, Eduardo; ESPINOLA FILHO, Eduardo. Op. cit., p. 510.

É óbvio que nenhuma dessas docimasias, técnicas médicas extremamente específicas, seriam necessárias caso o nascituro fosse pessoa e a nossa legislação houvesse acatado a escola concepcionista incondicional.

O Professor *Hélio Gomes*, em sua conhecida obra de Medicina Legal, adentra o assunto com muita firmeza e clareza, *in verbis*:

> Do ponto de vista médico-legal, achamos boa a doutrina esposada pelo nosso Direito positivo. Conforme vimos ao estudar a gravidez, é muito difícil fixar-se o momento exato em que ocorre a concepção, ao passo que é relativamente fácil afirmar-se o nascimento com vida. As docimasias esclarecem suficientemente a questão. Negativa a docimasia, a presunção legal é a de que a criança nasceu morta, não tendo, em conseqüência, adquirido a personalidade jurídica. O problema do nascimento com vida tem muita importância no Direito Civil, principalmente na parte relativa a sucessões. Uma criança nasce, acarretando a morte da mãe. Mesmo que o recém-nascido venha também a morrer horas depois da genitora, teve tempo de adquirir a personalidade civil, podendo, portanto, ter herdado e transmitir.[203]

A prova da respiração, ou seja, a prova da existência de vida extrauterina, além de acarretar a evidência da existência de uma pessoa, muitos outros efeitos jurídicos opera. O testamento rompe-se em virtude do nascimento, com vida, do filho póstumo. Se a mãe morre no parto, o neonato herda, e caso morra logo a seguir, seus ascendentes herdarão. Após o nascimento com vida, todas as expectativas de direito, protegidas pela lei desde a concepção, consolidam-se na pessoa do nascido, de forma plena.

Quem nasce vivo existe imediatamente como pessoa, tem imediatamente direitos próprios. No instante do nascimento com vida, a *spes personae* torna-se sujeito de direitos de forma imediata, e, consequentemente, no mesmo momento, as expectativas de direito que lhe haviam sido atribuídas na fase da concepção transformam-se em direitos subjetivos. Disso resulta que o nascimento com vida confere ao recém-nascido a capacidade de transmitir

---

[203] GOMES, Hélio. *Medicina legal*. 21. ed. Rio de Janeiro: Freitas Bastos, 1981, p. 383.

esses direitos subjetivos adquiridos, caso venha a falecer logo depois de ter nascido.

Opinião totalmente pacífica em Medicina é a de que a respiração completa é o indício mais seguro da vida extrauterina, autônoma e independente.

Por isso, compreende-se que o procedimento técnico mais comum para a apuração da vida extrauterina tem relação direta com a prova da respiração.

A vida é o funcionamento orgânico do indivíduo, e basta que tenha havido este funcionamento, ainda que durante brevíssimo tempo, para que se entenda que o neonato tenha nascido vivo, ou seja, existiu e foi pessoa, mesmo que logo após haja morrido.

Modernamente, a regra seguida majoritariamente na doutrina e na jurisprudência é de que não tendo a criança continuado viva, logo após o nascimento, presume-se que nasceu viva, por isso, o ônus da prova é de quem pretende que ela tenha nascido morta. Essa regra explica as várias espécies de docimasias declinadas.

Teixeira de Freitas, no seu esboço, admitiu, por presunção, o nascimento com vida, cabendo o ônus da prova a quem alegar o contrário.[204]

Diferentemente de outras legislações, o ordenamento jurídico brasileiro não faz questão da vitalidade, para que o recém-nascido com vida adquira imediatamente a personalidade civil. Em nosso Direito, como vimos, os dois únicos requisitos para a constituição da personalidade civil são o nascimento e a vida extrauterina. Ou seja, cumpre apenas que nasça com vida, para que a pessoa natural adquira a personalidade civil.

---

[204] ESPINOLA, Eduardo; ESPINOLA FILHO, Eduardo. Op. cit., p. 518.

Capítulo VII

O nascituro, a biogenética e o biodireito

1. BREVE RELATO DO DESENVOLVIMENTO CIENTÍFICO E SOCIAL DA BIOGENÉTICA

A norma jurídica é resultante da realidade social. Ela emana da sociedade e de seus valores em cada momento histórico. Por isso, o estudo histórico das sociedades sempre foi necessário, pois bem demonstra a existência de estruturas jurídicas bastante diversas no tempo e no espaço. Os organismos sociais diferentes condicionam ordens jurídicas também diferentes, seja a diferença em decorrência do tempo, do espaço ou dos costumes históricos.

A mudança social operada em escala mundial, sempre repercute na transformação do Direito, uma vez que ele fatalmente sofre os impactos de tais realidades conjunturais.

A revolução cultural ocorrida no início dos anos 60 tornou moralmente aceitável o sexo sem concepção, como também possibilitou a concepção sem sexo.

Um grande número de mulheres que não tinham esperanças de serem mães, por serem estéreis, homossexuais, estarem em pós-menopausa, casadas com homens também estéreis ou, até mesmo, por não desejarem repartir o carinho de seus filhos com um pai conhecido, passaram a recorrer aos diversos métodos científicos da reprodução humana assistida.

Hoje, a rapidez das informações é tão grande e a tecnologia avançou tanto que o Direito não a está acompanhando na mesma velocidade, principalmente, quanto à biogenética, particularmente no que diz respeito à fertilização humana artificial.

Desde os tempos mais remotos o homem sempre imputou grande importância à questão da infertilidade.

Podemos dizer que, desde a antiguidade até os dias atuais, mulheres de todas as classes sociais foram abandonadas por não poderem gerar filhos.

Segundo Maria Celeste Cordeiro Leite dos Santos, os gregos deram contribuições importantes para a ciência da embriologia. Os primeiros registros desses estudos estão nos livros de Hipócrates, o famoso médico grego do século V a.C., considerado como o pai da medicina.[205]

A mesma autora informa sobre experiências científicas da inseminação artificial através dos tempos, passando pela Idade Média até a era moderna.

Atualmente as técnicas de procriação têm avançado de tal forma que o homem, através da clonagem, possivelmente um dia possa criar seres humanos idênticos, sem a participação masculina, prática condenada na maioria dos ordenamentos jurídicos atuais.

---

[205] SANTOS, Maria Celeste Cordeiro Leite dos. *Imaculada concepção*. São Paulo: Acadêmica, p. 29, 1993.

Tudo começou com a descoberta dos genes no século passado e com o consequente desenvolvimento da nova ciência chamada genética.

Portanto, o estudo dos genes tem uma origem razoavelmente remota, diante da rapidez evolutiva do estudo da genética. Remonta às primeiras tentativas de compreender os organismos mais evoluídos – plantas e animais – como também as criaturas mais simples como as bactérias. Buscava-se descobrir como tais criaturas transmitiam suas características de uma geração para outra.

O primeiro esclarecimento que se tem notícia sobre esses mecanismos de transmissão foi trazido a lume pelo monge eslovaco Gregor Mendel, no século passado.

Somente no início do século, os trabalhos de Mendel foram redescobertos, e foi introduzido o termo gene para significar o material orgânico que predetermina as continuidades e as mudanças físicas que ocorrem de uma geração para outra, entre os seres vivos das mais variadas espécies.

Entretanto, desconhecia-se a natureza dos genes e a matéria de que eram feitos, bem como a sua localização no corpo dos animais e das plantas.

Havia, no entanto, um ponto de partida. Sabia-se que os corpos dos organismos vivos são constituídos de células, ou seja, de pequenas unidades, dispostas umas ao lado das outras, como ocorre com as celas dos mosteiros, donde o vocábulo derivou.[206]

Sabe-se que no corpo humano existem cerca de 70 mil bilhões de células, todas originadas por sucessivas auto divisões , a começar do óvulo fecundado, produzido no momento da concepção. A cada auto divisão (clivagem), a primeira célula dá origem a duas outras células e assim sucessivamente até a formação completa do ser.

---

[206] DULBECCO, Renato. *Os genes e o nosso futuro*. Trad. de Marlena Maria Lichaa. São Paulo: Best Seller, 1997, p. 16-17.

Uma característica das células no momento da divisão é a profunda alteração do seu núcleo. Em seu interior formam-se bastonetes característicos, chamados cromossomos.

Não obstante esses conhecimentos, ninguém sabia ao certo o que era realmente um gene. Porém, a análise dos organismos mais simples, como os das bactérias e dos vírus, permitiu que se determinasse o que são os genes e como são constituídos. Observou-se que os genes podem ser transmitidos de um organismo para outro por meio de uma substância química específica, o DNA, que na língua pátria deve ser designado por ADN, cuja sigla significa ácido desoxirribonucleico.

Descobriu-se, finalmente, que o DNA era o responsável pela transmissão das características genéticas, contidas nos genes do vírus infectante, para os vírus que se multiplicam em bactérias infectadas. A partir dessa descoberta, chegou-se à conclusão de que era muito provável que os próprios genes fossem constituídos de DNA, o que acabou sendo confirmado.

Destarte, a descoberta de que os genes são constituídos de DNA provocou um enorme interesse, uma vez que abria a possibilidade de estudá-los como moléculas. Tais estudos conduziram à definição do que é "genoma", vocábulo que designa todo o conjunto dos genes de um organismo, independentemente de seu número. Por exemplo, o genoma de um vírus pode constituir-se de apenas três genes, enquanto o genoma do ser humano é constituído em torno de 30.000 genes. O genoma é constituído de cromossomos, que, por sua vez, contem o DNA e os genes que também são feitos de DNA. O genoma, pois, é o patrimônio genético de um ser vivo como um todo.

De tudo isso, infere-se que a genética é a ciência que trata dos genes. Já a biogenética é a ciência que estuda a evolução dos seres vivos, tendo como princípio, o fato de que todo ser vivo é gerado e provém de outro ser vivo. O segundo ser vivo herda, do primeiro, características próprias e singulares, diversas de outros seres não provindos do mesmo genoma. Assim, pode-se dizer que a inseminação artificial e a fertilização *in vitro*, técnicas de reprodução humana capazes inclusive de melhoramentos da espécie, com a prática nem sempre ética e recomendável da eugenia, pertencem ao domínio da biogenética, enquanto a clonagem é fruto da engenharia genética, temas preferidos dos debates sobre a bioética e, principalmente, do chamado biodireito.

O biodireito, como consequência imediata da bioética e mediata da biogenética, é um novo seguimento de conhecimento jurídico que tem a vida por objeto principal.

O biodireito surgiu, assim, em razão das inovações da biotecnologia. A omissão do legislador em relação aos fatos novos decorrentes da revolução da biogenética, transformou o chamado biodireito em um campo polêmico e fértil da filosofia social.

Como aludimos, o biodireito teve como fonte propulsora e imediata a bioética, que surgiu das indagações e temores que acompanham o ser humano desde os tempos imemoriais. Não se trata mais do tedioso debate entre a treva e a luz, travado durante a Idade Média, que emperrou a ciência e sufocou luminosas mentes, como a do astrônomo polonês Nicolau Copérnico, que teve suas obras proibidas pela Igreja pelo simples fato de demonstrarem que a Terra gira em torno do Sol, tese contrária ao pensamento oficial dos Estados e das religiões na época.

O debate atual, configurador da denominada bioética, dá-se no campo da deontologia médica e jurídica, em confronto com a dignidade do homem. Não se fala mais em heresias e sacrilégios. Na verdade, o termo bioética foi criado no sentido de introduzir direitos humanos na investigação científica, levando sempre em conta a dignidade do homem, ao mesmo tempo em que se ampliam as fronteiras do conhecimento científico, mais especificamente, da biogenética e da engenharia genética.

O biodireito e a bioética invadiram a vida dos casais inférteis que desejam um filho ou, até mesmo, o direito a um filho, no entendimento de alguns. Em contrapartida, os legisladores de todos os países têm hesitado em tomar medidas. Mas o debate está aberto.

No mundo inteiro, colóquios, debates públicos, propostas de lei e meios de comunicação descortinam a imensa variedade de opiniões diferentes e até diametralmente opostas, não obstante existam também pensamentos convergentes.

As parcas e tímidas legislações e jurisprudências existentes são muito discordantes e muito longe estão de se pacificar, ou de uma se tornar majoritária sobre outra.

No entanto, uma síntese para convergir as grandes tendências, respeitando as características regionais de cada povo e nação, sejam elas religiosas, morais ou políticas, já é possível. É que o assunto muito embora seja controvertido, não há mais como voltar atrás. A ciência natural deu um enorme salto ao desconhecido, sem possibilidade de retorno, com implicações sérias nas ciências humanas e sociais. O Direito, como ciência social, deve tentar segui-la na mesma velocidade e proporção de modernidade. O assunto já é fato. A teoria já é realidade. Tudo o que está sendo aqui tratado perfunctoriamente já faz parte do cotidiano, em escala mundial. Nenhum país ou nação fica de fora. Doravante, o tema faz parte da mais pura realidade e, como tal, deverá ser tratado.

No que pertine a este trabalho, o discurso é, principalmente, sobre a procriação humana assistida, matéria pertencente à biogenética, e que traz grandes implicações em relação ao Direito e, mais especificamente, em relação ao assunto ora tratado sobre o nascituro.

2. ALGUMAS QUESTÕES DA BIOGENÉTICA EM RELAÇÃO AO NASCITURO

Na legislação civil ou penal, em nosso país, não há nenhum impedimento em relação a qualquer espécie de fertilização artificial humana, desde que haja consentimento recíproco do pai e da mãe. Inclusive, a jurisprudência a respeito é muito parca.

O primeiro sucesso da fertilização *in vitro* se deu aos 25 de julho de 1978 com o nascimento de Louise Brown em perfeito estado de saúde. Foi considerado o bebê do século e manchete de todos os jornais e revistas da época, em todo o mundo, que anunciavam o primeiro "bebê de proveta".

Não demorou até que começaram a surgir questionamentos éticos quanto à fertilização *in vitro*.

No Brasil, o primeiro "bebê de proveta" foi gerado no laboratório do médico paulista Milton Nakamura, tendo sido também o primeiro na América Latina.

Depois desses experimentos, a biogenética não parou de evoluir, até chegar à clonagem, que resultou na ovelha Dolly, assombrando o mundo em todos os segmentos sociais e intelectuais.

Vários aspectos jurídicos emergiram desse progresso científico, sem que nenhum país do mundo tenha ainda uma legislação consistente e veloz o bastante para acompanhar a voracidade da ciência moderna.

Assuntos como a concessão de patentes de seres vivos,[207] da mãe substituta (surrogacy), da clonagem, dos experimentos científicos com embriões humanos, técnicas de DNA recombinante, criando seres híbridos e ainda absurdas conjecturas de gerar animais em pessoas ou vice-versa, têm instigado a imaginação de juristas dos quatro cantos do mundo.

As novas técnicas de procriação, que geralmente se designam por "procriações medicamente assistidas", que podem ser humanas ou não, se beneficiaram dos consideráveis progressos científicos dos últimos 30 anos.

As biotecnologias, em relação ao ser humano, remetem qualquer estudioso do Direito a uma reflexão sobre os direitos fundamentais da pessoa e, principalmente, sobre o eugenismo, tema que apavora a todos.

Não restam dúvidas de que as técnicas de procriação humana assistida trazem grandes esperanças aos casais estéreis. O desen-

---

[207] DOMIGUES, Douglas Gabriel. *Primeiras patentes de invenção de animal superior e a proteção legal de embriões*. Rio de Janeiro: Forense, 1989, p. 27.

volvimento dessa ciência permite vislumbrarmos formas extraordinárias de intervenção humana em sua própria procriação, isto é, na transmissão da vida de sua própria espécie, com largas possibilidades de manipulações genéticas. Nesse sentido é que as esperanças dão lugar às várias inquietações e temores que atualmente assolam as sociedades modernas.

A procriação humana assistida perturba valores, crenças e representações que se julgavam intocáveis. Ela divorcia a sexualidade da reprodução, a concepção da filiação, a filiação biológica dos laços afetivos e educativos, a mãe biológica da mãe substituta.

A inseminação artificial, a doação e venda de gametas femininos e masculinos, a fecundação *in vitro* e a implantação de embriões, a mãe substituta popularmente conhecida como "mãe de aluguel", o congelamento de embriões, que permite inseminações múltiplas e diferidas, inclusive *post mortem* e, finalmente, a seleção e manipulação de embriões, já não mais dizem respeito apenas à deontologia médica. Dizem também respeito ao Direito. Todos já reclamam a intervenção do legislador e do juiz.

As principais técnicas de procriação humana medicamente assistida são: Inseminação Artificial com esperma do cônjuge (IAC), com esperma de um doador (IAD); FIVETE: fecundação *in vitro* com transferência de embrião, homóloga quando o espermatozoide é do marido, e heteróloga quando o espermatozoide é de um terceiro; e GIFT (*Gametes intra Fallopian Transfert*), óvulos e espermatozoides diretamente depositados na Trompa de Falópio, onde se faz normalmente a fecundação natural. A inseminação ou fertilização *in vitro post mortem* é aquela feita em uma mulher com o esperma de um homem falecido.

Criou-se, outrossim, a *Intracitoplasmic sperm injection* (*ICSI*),[208] quando, então, colhem-se os óvulos produzidos pela mulher, que mediante tratamento é estimulada a superovular, nos quais injetam-se os espermatozoides e assim, após o procedimento de fecundação, são escolhidos os embriões mais viáveis para fins reprodutivos, congelando-se os demais.

---

[208] Injeção intracitoplasmática de espermatozoides.

A ICSI, na verdade, é apenas uma técnica para auxiliar a aumentar a possibilidade de sucesso da FIVETE,[209] por conveniência da equipe médica. A fertilização *in vitro* é a fecundação de um óvulo em laboratório. A fusão dos gametas masculino e feminino, que dão origem ao óvulo fecundado, ocorre extracorporeamente. O óvulo é retirado da mulher e o sêmen do homem é coletado, colocando-os em um tubo de proveta, utilizando-se ou não a ICSI. Após a fecundação, que é provocada artificialmente, o óvulo fecundado, já embrião, é transportado para a mulher, quando se espera que se dê a nidação, que é a fixação desse óvulo embrionário no endométrio (mucosa uterina), onde passará a se desenvolver a gestação, que nem sempre ocorre. Atualmente o êxito dessa técnica está em torno dos 30%, com algumas variações.

Na inseminação artificial o óvulo da mulher não é retirado. O sêmen masculino após coletado, é introduzido artificialmente para que se dê a fecundação dentro do organismo da mulher, isto é, a fecundação se dá intracorporeamente.

Dessas técnicas declinadas, já se pode imaginar os problemas trazidos ao mundo jurídico.

Os progressos da ciência no campo da genética aconteceram em ritmo avassalador principalmente no campo da fecundação artificial. Assim, um novo Direito surgiu e deve avançar no mesmo ritmo imposto pela ciência da genética, sob pena de se ver emergir figuras teratológicas, como a de direitos sem sujeito ou ainda figuras híbridas entre a vida humana e as coisas. É o chamado biodireito.

3. AS ESCOLAS CONCEPCIONISTA E NATALISTA NA PROCRIAÇÃO HUMANA ASSISTIDA

Em nosso tema, o que mais nos angustia e nos interessa é a situação jurídica do embrião fertilizado *in vitro*, antes da nidação. Qual é a sua situação jurídica?

---

[209] Fertilização *in vitro* e transferência de embriões.

O embrião fertilizado *in vitro*, mantido vivo por meio do congelamento, é pessoa? Sob essa questão é juridicamente admissível a realização de experiências científicas com o embrião? E qual seria a situação do embrião que por um motivo ou outro fique órfão? Se o casal desistir de ter filhos, qual deverá ser o destino do embrião por eles gerado *in vitro*? Em nosso Ordenamento Jurídico atual o embrião congelado tem direito à vida ou poderá legitimamente ser destruído?

A autora *Maria Celeste Cordeiro Leite dos Santos*, conta que um rico empresário chileno, Mário Rios, e sua mulher, Elza, após o falecimento de sua única filha, tentaram ter outros filhos sem sucesso. Em 1981 viajaram para Melbourne, onde se apresentaram ao médico Carl Wood para se submeterem à fertilização artificial. A tentativa inicial fracassou, mas o doutor Wood comunicou à Elza que havia oportunidade para outras operações graças à preservação de dois embriões congelados. A mulher preferiu esperar um pouco mais, para readquirir estabilidade emocional. Voltando para o Chile, no final do ano de 1983, o casal morreu em um acidente de avião. Os dois embriões continuavam vivos na Austrália, herdeiros de uma fortuna. Para recebê-la, deveriam nascer. Com a mãe morta, a mãe de substituição teria também direito a uma parte do espólio? O caso, inédito no mundo, abriu uma nova discussão.[210]

Essa técnica, a criopreservação dos embriões, já conduziu a dezenas de nascimentos. Podemos congelar os embriões "supernumerários" e fecundar simultaneamente vários óvulos. Esses podem ser transferidos para o útero da mulher, serem doados a outra ou serem destruídos.[211]

Se não somos adeptos da escola concepcionista, também não chegamos ao ponto de dizer que o embrião e o feto não contenham vida humana. Destarte, tanto o embrião, quanto o feto, constituindo vida humana, devem obviamente ser protegidos pelo Direito.

---

[210] SANTOS, Maria Celeste Cordeiro Leite dos. Op. cit., p. 75.
[211] Idem.

Dessa forma, o Direito chegou a um impasse. Ou admite o embrião fertilizado *in vitro*, antes da nidação, como algo que possa ser destruído, ou atravanca a ciência.

No Ordenamento Jurídico Brasileiro, nenhuma legislação há que confira direitos ao embrião fertilizado *in vitro* antes da nidação.

Nesses termos, a Resolução 2013/13 do Conselho Federal de Medicina do Brasil deu um passo a frente admitindo que as clínicas, centros ou serviços podem criopreservar espermatozoides, óvulos e pré-embriões.[212] Outrossim, admitiu ainda que, no momento da criopreservação, os cônjuges ou companheiros devem expressar sua vontade, por escrito, quanto ao destino que será dado aos pré-embriões criopreservados, em caso do divórcio, doenças graves, falecimento de um ou dos dois cônjuges e quando desejam doá-los.

Nesse diapasão, comungamos em parte com a opinião da doutora *Silmara J. A. Chinelato e Almeida* quando diz:

> somente se poderá falar em 'nascituro' quando houver a nidação do ovo. Embora a vida se inicie com a fecundação, é a nidação – momento em que a gravidez começa – que garante a sobrevida do ovo, sua viabilidade. Assim sendo, o embrião na fecundação *in vitro*, não se considera nascituro.[213]

Dissemos que comungamos em parte com a respeitável autora, porque, em nossa opinião, o argumento só encontra agasalho sob o pálio da doutrina da escola natalista, que considera o nascituro como parte do corpo materno.

De acordo com *Maurílio Castro de Matos*, na medida em que o feito depende da mulher até a 22ª semana, na medida em que não sobrevive fora do processo gestacional, esse não é um outro ser independente. Não há, até esse período, um outro ser, na sua

---

[212] Termo usado correntemente para o óvulo fecundado com menos de duas semanas.

[213] ALMEIDA, Silmara J. A. Chinelato e. Op. cit., p. 182.

totalidade acabado. Portanto, não existem dois interesses. Um (o feto) sem o outro (a gestante) não vive.[214]

Outrossim pensamos que realmente, o embrião antes da nidação não é nascituro. Sob o domínio da escola concepcionista, que considera pessoa o filho do homem logo que concebido, o argumento soa paradoxal e sofismático.

Destarte, em nossa opinião, o entendimento puro e simples da autora referida acima vai diametralmente contra a própria doutrina concepcionista que abraçou, uma vez que, além de falar em viabilidade, termo incompatível com aquela escola, os concepcionistas já consideram "pessoa" o ser humano concebido, mas ainda não nascido, independentemente da nidação.

Os concepcionistas *A. Franco Montoro* e *A. de Oliveira Faria*, citando Albertario, dizem que "se como ensina o professor, fisiologicamente, não se considera a criatura concebida como pessoa, juridicamente, ao contrário, em muitos casos, as normas legais a consideram como já tendo nascido.[215]

Na mesma obra, os autores citados concluem *in verbis*:

> Pelo contrário, se julgarmos o ser concebido como pessoa, a norma do Código Civil deverá ser entendida de modo amplo, porque, então, ela enunciará uma regra geral, de aplicação também geral. Assim, além dos casos expressamente previstos em lei, outros poderá haver, com fundamento no preceito do art. 4.º do Código Civil[216] [sic].

Consoante se infere dos textos citados, para os concepcionistas, o "ser concebido" e ainda não nascido já é pessoa, independentemente de sua viabilidade, e assim, sob as bases daquela doutrina, nenhuma razão têm para não admitir que, mesmo antes da nidação, não seja o embrião ainda pessoa, pelo único fato de não estar no ventre da mãe, considerando que o embrião é efetivamente um ser "concebido". Ao não admitirem isso, o que é pa-

---

[214] MATOS, Maurílio Castro de. *A criminalização do aborto em questão*. São Paulo: Edições Almedina, 2010, p. 63-61.

[215] MONTORO, André Franco; FARIA, Anacleto de Oliveira. Op. cit., p. 15.

[216] MONTORO, André Franco; FARIA, Anacleto de Oliveira. Op. cit., p. 31.

radoxal, reforçam o argumento dos natalistas de que o nascituro é parte do corpo materno.

Os concepcionistas, para serem coerentes, sob as bases de sua escola, deveriam considerar o ser concebido *in vitro*, antes da nidação, apenas como um nascituro sem viabilidade iminente, mas, nem por isso, não poderiam negar-lhe a condição jurídica de pessoa. É que para aquela doutrina não importa a viabilidade para que o ente concebido seja pessoa. Esse é o verdadeiro sentido da expressão *infans conceptus*, tão usada, até de forma indiscriminada, pelos adeptos da escola concepcionista.

Para os natalistas não. O nascituro embora tenha vida humana não é pessoa, e assim, para essa escola, a situação do embrião congelado, na ordem jurídica vigente, deve ser colocada no campo da ética, devendo apenas ser devida e urgentemente regulada pelo Direito. Não há qualquer contradição.

O Ministro Ayres Britto, no item 26 do seu voto na ADIn 3510-0 argumenta que o conceito legal de nascituro é categoria exclusivamente jurídica, porquanto não versada pelas ciências médicas e biológicas, e assim conceituada pelo civilista Sílvio Rodrigues (*in* Direito Civil, ano de 2001, p. 36): "Nascituro é o ser já concebido, mas ainda se encontra no ventre materno."

A nossa Constituição Federal seguiu neste mesmo sentido, quando concede direito à vida apenas aos já nascidos, ou seja, àqueles que já tenham nacionalidade, pois se refere a brasileiros e estrangeiros, cujo conceito está diretamente ligado à nacionalidade e consequentemente ao nascimento, conforme já dissemos.

4. A DESTRUIÇÃO DO EMBRIÃO CONGELADO

A destruição de embriões é um assunto angustiante, não só no campo religioso, no qual toma proporções macrocósmicas. Infinita também é a angústia no terreno da moral e da deontologia e no espaço do Direito, em que a perplexidade assola a todos.

É evidente que a destruição do embrião importa em utilizá-lo em desacordo com o que dispõe o art. 5º da Lei de Biossegurança, fato, portanto, típico, nos termos do seu art. 24, com a pena de detenção de 1 a 3 anos, e multa.

Entretanto, pelo que sentimos não é possível qualquer experiência científica no campo da fertilização humana assistida, sem que alguns embriões sejam destruídos nos termos do art. 5º da Lei de Biossegurança brasileira.

Mesmo na prática da Fivete,[217] impossível ignorar que alguns embriões são diuturnamente descartados.

Por conseguinte, em nossa opinião, os juristas devem tentar convergir a lógica e o pensamento jurídico com os resultados das experiências dos cientistas da biogenética para, diante disso, proporem a melhor legislação a respeito.

A Resolução do Conselho Federal de Medicina 2013/13, já citada, em seu inciso VI, item 3, determina que o tempo máximo de desenvolvimento de embriões *in vitro* é de 14 dias.

É que, antes desses 14 dias, não existe nenhum esboço da estrutura nervosa daquele ser e, por isso, convencionou-se chamá-lo de pré-embrião.

Há severos críticos contra essa fixação de 14 dias, no entanto, necessário se faz fixar um termo, além do qual o embrião deva ser tratado, senão como pessoa, pelo menos como vida humana em formação e aquém, no qual, poderá ser destruído legitimamente.

Urge que o Estado adote sanções e legislações reguladoras para as condutas dos cientistas, pois estão em jogo valores morais e sociais relevantes. O chamado biodireito é prioritário sobre a bioética, nos dizeres de *Maria Celeste Cordeiro Leite dos Santos*.

A resposta para algum dos problemas elencados, encontrada pela tecnologia, é o congelamento do embrião em nitrogênio líquido, porém não se sabe qual é o limite de tempo em que o embrião poderá conservar sua vida sem risco de deformações.

---

[217] Fertilização *in vitro* e transferência de embrião.

Dessa forma, o jurista deverá repensar toda a questão do nascituro e apreendê-lo enquanto embrião congelado, como um *status* jurídico novo.

O jurista italiano Silvério Grassi chega a defender a seguinte opinião:

> Quanto riguarda il nato può valere anche per l'embrione ibernato, in quanto anche il concepito ibernato viene ad avere la vita e la personalità sospese dall'ibernazione, anche l'embrione ibernato andrà considerato un soggentto subordinato alla condizione sospensiva della cessazione dell'ibernazione.[218]

> Destarte, o jurista citado propõe uma suspensão de personalidade durante a hibernação do embrião congelado e mais adiante, chega a dizer o seguinte:

> L'embrione ibernato, quindi, con la cessazione dell'ibernazione, diventerà un comune concepito, con effetto retroattivo al momento dell'ibernazione. Ed anche il concepito, che nasce dopo la cessazione dell'ibernazione, andrà considerato un soggetto puro con effetto retroattivo al momento del concepimento.[219]

Por ser matéria manifestamente de ordem pública, pensamos que o legislador deverá instituir a fiscalização e a responsabilidade subsidiária do Estado. Dito isso, caso ocorra um fato parecido com o do casal chileno, assinalado por Maria Celeste Cordeiro Leite dos Santos, deverá o Estado, subsidiariamente, ao laboratório ou à clínica, responder pela manutenção do embrião congelado, bem como, fiscalizar e zelar para que não seja destruído até que a questão seja resolvida. Entretanto, até o momento em que a ciência e o Direito não encontram um modo de resolver o problema, propiciando ao legislador a solução para cumprir o seu dever, a responsabilidade primeira é unicamente dos laboratórios e das clínicas e subsidiariamente do Estado, que tem a obrigação urgente de patrocinar um debate, mais amplo possível, em todos os segmentos sociais a respeito do tema.

---

[218] GRASSI, Silverio. Op. cit., p. 139.
[219] Idem, p. 140.

Em muitos países europeus, o Estado já vem fiscalizando todas as práticas científicas com embriões, como é o caso da França, onde, desde 1988, foi criada a Comissão Nacional de Medicina e de Biologia da Reprodução, encarregada de dar ao Ministério da Saúde pareceres e informações sobre a evolução da situação nacional. O Canadá criou, em 2006, a *Assisted Human Reproduction Canada (AHRC)*, órgão regulador nos moldes de nossas agências reguladoras independentes, com as variações naturais de cada ordenamento, com o fim específico de regulamentar, fiscalizar e supervisionar a reprodução humana assistida (AHR), controlando atividades, bem como impondo proibição nos termos da lei. A AHRC está sediada em Vancouver e só começou a funcionar quando o governo federal nomeou um conselho de administração em 21 de dezembro de 2006.[220]

O ser humano, doravante, encontra-se perante a sua própria criação com as milhares possibilidades abertas pelas manipulações genéticas, inclusive a utilização de embriões para a indústria de cosméticos.[221]

Ora, não há dúvidas de que o início da vida biológica humana começa já com a fecundação do óvulo pelo espermatozoide. Por isso, o Direito pune o aborto como um crime contra a vida. No entanto, essa vida biológica embrionária ainda não pode ser considerada juridicamente pessoa e, em decorrência disso, o Direito Penal trata de maneira diferente o crime de homicídio, do crime de aborto.

O aborto punível é a interrupção dolosa da gravidez. Nesse sentido, não se pode considerar a destruição do embrião fertilizado *in vitro* como um crime de aborto, pois, não obstante fertilizado, não há mulher grávida.

---

[220] REGULATING and treating conception problems. *CBC News*, 22 dez. 2010. Disponível em: <http://cbc.ca/news/health/story/2009/02/05/f-reprotech.html>. Acesso em: 20 out. 2011.

[221] Fizemos a observação, porque a possibilidade existe e já foi inclusive usada, não obstante isso, somos radicalmente contra a utilização de embriões para fins que não sejam a procriação humana.

Como foi expendido, a coerência está com os natalistas, mesmo no biodireito, uma vez que, segundo os concepcionistas, o início da personalidade se dá com a concepção. Ora, a concepção, atualmente, é realizada naturalmente ou artificialmente, porém, em ambos os casos, sempre no momento em que o espermatozoide fecunda o óvulo. Assim, não há como os concepcionistas explicarem sob as bases de sua escola, que o pré-embrião, fertilizado *in vitro*, mesmo congelado, não seja pessoa. A escola concepcionista, sob esse ângulo, é insustentável.

Como se viu, em hipótese alguma, pode-se afirmar que o embrião, vivendo extrauterinamente, criopreservado em nitrogênio líquido, seja juridicamente pessoa. Não havendo pessoa, significa que não há sujeito de direito e, assim, pelo menos em nosso atual Ordenamento Jurídico, não se pode dizer que o embrião congelado tenha um direito à vida.

Nesse sentido foi a fundamentação do voto do Ministro Ayres Britto do STF na ADIn 3510-0.

No Direito Brasileiro atual, não há direito pleno à vida do embrião vivendo extrauterinamente.

Portanto, em nosso direito, caso ocorra um fato parecido com o casal chileno, narrado por *Maria Celeste Cordeiro Leite dos Santos*, nenhum problema de ordem legal existirá na destruição para pesquisa dos embriões órfãos, caso nenhuma mulher queira ser receptora para dar-lhes a luz e os pais permitirem (Lei de Biossegurança).

Ao tentar resolver essa questão, o Comitê de Warnock examinou a posição legal dos embriões vivos, concluindo que: "O embrião humano *per se* não possui nenhum *status* legal. No Reino Unido o embrião humano *in vitro* não possui o mesmo *status* que um recém-nascido ou um adulto."[222]

---

[222] SANTOS, Maria Celeste Cordeiro Leite dos. Op. cit., p. 109-110.

5. A COMERCIALIZAÇÃO DE EMBRIÕES

Os meios de comunicação vêm noticiando a venda de embriões criopreservados em alguns países para os casais inférteis.

No entanto, sob esse título, mister afirmar que não é lícito, no Direito Brasileiro, o comércio de embriões.

A Constituição da República Federativa do Brasil, no artigo 199, § 4.º, veda todo tipo de comercialização de órgãos, tecidos, sangue e substâncias humanas e, no artigo 200, confere ao Sistema Único de Saúde o controle e a fiscalização.

A autora *Heloísa Helena Barboza*, comentando sobre a comercialização de sêmen se manifesta *in verbis*: "Parece-nos razoável aplicar-se à hipótese, por analogia, a regra existente para o sangue humano: artigo 199, § 4.º, da Constituição Federal, que veda todo tipo de comercialização."[223] Nesse mesmo sentido, foi fixado na Resolução n. 2013/13, do Conselho Federal de Medicina, no inciso IV, 1.

Ora, se a Constituição Federal proíbe, de forma peremptória, a comercialização de substâncias humanas, assim, não há que se falar sequer em analogia, como se referiu a autora supracitada. A proibição é expressa constitucionalmente. O dispositivo constitucional não é exaustivo.

Por sua vez, a Lei n. 9434/97, que trata do transplante de órgãos humanos, tipifica como crime, em seu art. 15, comprar ou vender tecidos, órgãos ou partes do corpo humano.

É que, não há dúvidas de que o sêmen e o óvulo, assim como o sangue, constituem substâncias humanas. Muito mais deverá ser considerado o embrião que, na verdade, contém uma vida humana em formação, significando algo bem maior do que um mero tecido ou substância humana. Destarte, não há dúvidas de que, no Direito Brasileiro, está absolutamente proibida a venda de embriões humanos.

---

[223] BARBOZA, Heloísa Helena. *A filiação em face da inseminação artificial e da fertilização 'in vitro'*. Rio de Janeiro: Renovar, 1993, p. 43.

Considerando esse aspecto da questão, o Conselho da Europa elaborou a Recomendação de n. 1.100/1989 sobre o uso de embriões e fetos humanos na pesquisa científica, quando também vedou toda e qualquer conotação comercial, proibindo a aquisição ou a venda de embriões pelos pais ou por terceiros. Também proibiu a doação e o uso de material embrional para fabricação de armas biológicas.

De *lege ferenda*, pensamos que o assunto merece legislação rigorosa, inclusive e principalmente, em âmbito criminal.

A mera regulamentação de alguns direitos do embrião congelado não solucionará o problema, que é muito mais complexo.

A ausência de uma legislação a respeito, nos dizeres de *Mônica Sartori Scarparo*:

> poderá resultar na utilização de embriões para fins comerciais, seja na cosmetologia, seja na elaboração de armas biológicas, sendo ainda possível aventar-se a hipótese de clonagem, para a fabricação de robôs mais baratos que os realizados pela engenharia mecânica.

> Em síntese, [continua a autora], o princípio a ser adotado para dirimir estas questões seria o da prioridade da pessoa humana, sobre os interesses da ciência, pelo simples fato de que esta, a ciência, só tem sentido na medida em que está a serviço da humanidade. Em consequência, deverá encontrar formas de desenvolver as atividades de pesquisa que preservem os valores inerentes ao embrião humano, porque é vida e merece ser respeitado.[224]

Devemos consignar que a opinião da autora não contradiz a nossa, uma vez que encontra agasalho perfeito na escola natalista, porque, nesta, não se nega vida humana ao embrião, mas tão somente a personalidade civil.

Nesse sentido é que esposamos o conceito do embrião congelado como um *status* jurídico novo. Deve ser encarado como um instituto entre a pessoa e a coisa. Absolutamente não é coisa, mas também não é pessoa. Qualquer pensamento diferen-

---

[224] SCARPARO, Mônica Sartori. *Fertilização assistida*. Rio de Janeiro: Forense, 1991, p. 44-45.

te, fatalmente, levará ao total sufocamento do desenvolvimento científico e uma nova caça às bruxas, nos moldes da ocorrida durante a Idade Média.

6. A DOAÇÃO DE EMBRIÕES

Portanto, a partir da consideração de que o embrião criopreservado congelado em nitrogênio líquido é um *status* jurídico novo entre a pessoa e a coisa, é que admitimos, como a maioria da doutrina e das legislações mais recentes, que possa ser ele doado, alienado gratuitamente, assim como já ocorre com os órgãos humanos, o sangue e o sêmen, desde que para fins moralmente aceitos pela consciência atual do ser humano.

O artigo 199, § 4.º, da Constituição Federal supracitado, deve ser interpretado, por analogia, não quanto à venda de embriões, pois nele está expressa a proibição, mas, sim, quanto à doação de embriões.

O artigo colacionado permite a doação de sangue e substâncias humanas para fins moralmente aceitos pela consciência do homem médio.

Diante disso, não podemos admitir a doação de embriões para a fabricação de cosméticos, por exemplo, ou para experiências como a criação de seres híbridos. Entretanto, admite-se a doação de embriões para o fim da procriação humana assistida. O embrião já existente tem, obviamente, um benefício, pois de embrião se tornará feto e muito provavelmente, se nascer com vida, se tornará pessoa. Por sua vez, os pais genéticos, que não poderiam ter um filho pelos métodos naturais, se beneficiarão da ciência. Também se pode dizer dos casais que não sejam os pais genéticos do embrião, mas que por um motivo ou outro sejam estéreis e, assim, também se beneficiariam da moderna ciência médica, como donatários do zigoto.

Destarte, a Constituição Federal, no artigo supra-mencionado, proíbe a comercialização do embrião, assim como de qualquer substância humana, outrossim, permite a doação.

O artigo 24º da Lei de Biossegurança tipifica como crime a utilização de embrião humano em desacordo com o que dispõe do seu art. 5º que permite a utilização para fins de pesquisa e terapia, com algumas restrições.

Entre as resoluções adotadas pelo Parlamento Europeu, aos 16 de março de 1989, concordaram os países que se conservassem os embriões humanos pelo frio, mas apenas por tempo limitado e com vista à sua implantação para provocar a gravidez na mulher de quem foram extraídos os óvulos para esse fim, proibindo o comércio de embriões, a clonagem, a criação de quimeras e seres híbridos.[225]

A "doação de pré-embriões" consta na Resolução CFM 2013, de 16 de abril de 2013, IV, 1, na qual está consignado que a doação nunca terá caráter lucrativo ou comercial.

Infere-se disso que a doação de embriões de um casal para outro casal infértil, na verdade, vem funcionando analogamente e como se fosse uma verdadeira adoção. É como se tratasse da antiga adoção "à brasileira", em que se registrava filho de outro em nome próprio, que constitui crime tipificado no art. 242 do Código Penal brasileiro, ou seja, registrar como seu o filho de outrem.

Para que não haja uma antinomia no ordenamento jurídico e para colmatar a lacuna, deve-se legislar criando a figura da adoção de embriões criopreservados. Mesmo enquanto isso não ocorre, é perfeitamente aplicável o instituto da adoção de embriões congelados, por analogia, ao invés de se utilizar o vocábulo doação pura e simples, como se tratassem de coisas.

Fernando David de Melo Gonçalves, a esse respeito, defende a utilização do direito comparado, uma vez que no direito sueco, por exemplo, existe a possibilidade de adoção pelos pais civis da criança gerada em ventre de terceira.[226]

---

[225] SANTOS, Maria Celeste Cordeiro Leite dos. Op. cit., p. 143-144.
[226] GONÇALVES, Fernando David de Melo. *Novos métodos de reprodução assistida e consequências jurídicas*. Curitiba: Juruá, 2011, p. 27.

Portanto, não se trata de mera invenção sem sentido ou lógica de nossa parte.

No caso dos embriões criopreservados, a adoção não necessitaria dos rigores exigidos em nossa legislação para as pessoas, podendo o procedimento continuar sendo o mesmo da doação hoje utilizada, porém regulado por lei federal, para a proteção dos adotantes e dos próprios médicos agentes do procedimento.

Na verdade, diante desse quadro, não vemos no direito brasileiro qualquer impedimento para a instauração do instituto da adoção do embrião congelado, devendo o assunto ser devidamente regulado por lei. A questão não é meramente semântica, deve-se evitar a coisificação dos embriões, adotando vocabulário próprio para tal.

Por consubstanciar indubitável questão axiológica, há que se estender ao embrião a dicção do art. 1.621 do Código Civil, que determina que a adoção depende apenas do consentimento dos pais ou dos representantes legais, de quem se deseja adotar, e da concordância deste, se contar com mais de doze anos, o que obviamente não é o caso do embrião congelado.

Salvo os impedimentos legais, a adoção do embrião é perfeitamente possível, dependendo apenas do consentimento dos pais biológicos, nos termos do referido dispositivo legal.

Esta é a solução mais correspondente ao *ethos*, de natureza universal. Significa respeitar o mínimo da ontogenia humana.

"O *ethos* configura a atitude de responsabilidade e de cuidado com a vida, com a convivência societária, com a preservação da Terra" nas palavras de Leonardo Boff.[227]

Também não deve ser descartada a possibilidade da adoção não consentida análoga àquela do § 1º do art. 45 da Lei n. 8.069/90, pois pode ocorrer, outrossim, o abandono do embrião congelado por parte dos pais, que vão para lugar incerto e não sabido, e nesse caso, seria dispensado o consentimento de ambos.

---

[227] BOFF, Leonardo. *Ethos mundial*. Rio de Janeiro: Sextante, 2003, p. 21.

Portanto, são casos de aplicação analógica do § 1º do art. 45 do ECA, que rege o instituto com relação aos já nascidos, devendo o juiz deferir a adoção para que o embrião deixe uma situação irregular para poder vir à luz, pela transferência para uma mãe adotiva.

É muito mais generoso e ético estender aos embriões congelados analogicamente o instituto da adoção não consentida dos já nascidos, por força de lei, do que optar pelo congelamento por tempo indeterminado com a consequente morte. Esse é o entendimento que deve prevalecer quanto à adoção dos embriões congelados, enquanto houver lacuna legislativa.

Quanto à adoção consentida prevista no *caput* do art. 45 do Estatuto da Criança e do Adolescente, o paroxismo de nossa opinião encontra total abrigo no próprio Conselho Federal de Medicina brasileiro, que já vem adotando prática análoga, ou seja, a doação de embriões, quando, então, os genitores de algum embrião consentem em doá-lo para um outro casal.

Nunca é demais repetir que a "doação de pré-embriões", consta na Resolução CFM n. 2.013/13, IV, onde está consignado que a doação nunca terá caráter lucrativo ou comercial. Mesmo porque a Constituição da República Federativa do Brasil, no art. 199, § 4º, veda qualquer tipo de comercialização de órgãos, tecidos, sangue e substâncias humanas.

Por sua vez, concluímos que, se a Constituição Federal proíbe, de forma peremptória, a comercialização de substâncias humanas, salta aos olhos que não é possível a comercialização de embriões. Destarte, a proibição da comercialização de embriões é evidente, pelo próprio texto constitucional. É que se os órgãos, tecidos, sangue, sêmen, óvulos, constituem substâncias humanas, muito mais deve ser considerado o embrião, que, na verdade, contém uma vida humana em formação, significando algo axiologicamente muito superior a um mero tecido ou substância humana. Não há dúvida de que no Direito brasileiro, nos termos do art. 199, § 4º, da Constituição Federal, está contida a proibição da comercialização de embriões.

Consoante as diretrizes do Conselho Federal de Medicina, os doadores não devem conhecer a identidade dos receptores, e vice-versa. Obrigatoriamente, será mantido o sigilo sobre a identidade dos doadores de pré-embriões, assim como dos receptores.

Em situações especiais, as informações sobre doadores, por motivação médica, podem ser fornecidas exclusivamente para médicos, resguardando-se a identidade civil do doador.

As clínicas, centros ou serviços que empregam a doação devem manter, de forma permanente, um registro de dados clínicos de caráter geral, características fenotípicas e uma amostra de material celular dos doadores.

A escolha dos doadores é de responsabilidade da unidade médica. Outrossim, dentro do possível, assim como se faz com a doação de gametas, dever-se-á garantir que os doadores de embriões tenham a maior semelhança fenotípica e imunológica e a máxima possibilidade de compatibilidade com a receptora.

A prática da doação de embriões vem sendo adotada em todos os países que têm a técnica da reprodução humana assistida com a criopreservação de embriões.

Como já mencionado, a doação de embriões não constitui panaceia para o problema dos excedentários, mas, sem dúvida alguma, é uma boa solução paliativa. Na realidade, consiste em uma verdadeira adoção realizada ao arrepio do art. 242 do Código Penal brasileiro, que proíbe, sob pena de crime, registrar como seu o filho de outrem.

Portanto, para que não haja contradição com a lei penal, a doação de embriões também deve ser regulada por lei, uma vez que se o casal não usá-los na reprodução humana ou não escolher doá-los para adoção, fatalmente resultará na morte dos embriões, uma vez que já se sabe cientificamente, que decorridos três anos de congelamento, dificilmente o embrião poderá florescer, motivo pelo qual a Lei n. 11.105, de 24 de março de 2005 (nova Lei de Biossegurança), em seu art. 5º, permite que os embriões congelados há três anos ou mais sejam utilizados na pesquisa com células-tronco.

Destarte, para evitar o choque com o diploma penal brasileiro, mister se faz regrar a habitual doação de embriões sob os institutos regradores da adoção.

A lógica impõe que, não tomar uma decisão é praticamente o mesmo que decidir pela morte, uma vez que os embriões congelados têm um tempo limitado de vida.

Ressalta-se que, principalmente, antes da vigência da atual Resolução n. 2.013/13 do CFM, já existiam incontáveis embriões congelados sem determinação dos pais quanto ao seu destino. A possibilidade de esse fato não ser contornável é grande em relação aos genitores já falecidos, já divorciados ou incapazes por enfermidades físicas e doenças mentais.

É óbvio que o casal que decidir doar seus embriões a outro casal, ajudando outras pessoas a terem filhos que de outro modo não poderiam ter, pratica uma ação humanamente louvável. Possibilita o nascimento que provavelmente jamais ocorreria e permite a um casal infértil o desejo de ter filhos.

Em órbita cível, no entanto, essa lacuna é colmatável e, assim, deve o Poder Judiciário decidir, por analogia, e pelos princípios gerais do Direito a favor da adoção dos embriões nos mesmos termos das pessoas já nascidas, com o consentimento dos pais.

Ainda em relação à adoção, deve-se consignar mais uma vez que as filhas e irmãs adotivas podem ser mães substitutas, tendo em vista que não há qualquer impedimento ético nesse sentido e a Resolução CFM n. 2.013/13 não faz qualquer distinção, se referindo tão só que as doadoras temporárias do útero devem pertencer à família da doadora genética, num parentesco até segundo grau.

7. A POSSE EM NOME DO NASCITURO PROCRIADO ARTIFICIALMENTE

Vem-se pacificando o entendimento de que a mãe substituta é, na verdade, um mero arremedo de maternidade. Ela é a mulher que carrega o nascituro em lugar da verdadeira mãe, durante o período de gestação, devendo entregá-lo após o nascimento.

Entende-se assim porque a mãe substituta não transfere nenhum gene para a criança que carrega no útero. Todo o patrimônio genético do nascituro, ou seja, todo o seu genoma, provém daquela que forneceu o óvulo fundido com o gameta do pai. A mãe substituta, na verdade, aparece como mero receptáculo de uma vida geneticamente gerada por outra pessoa.

No Brasil o tema já foi abordado até por uma telenovela.

Pensamos que a mãe é aquela que fornece o patrimônio genético e não a outra, que é mera incubadora.

Os motivos para a chamada *surrogacy*, ou seja, a substituição da mãe genética por uma mãe meramente portadora, são os mais variados possíveis, muitas vezes até por questões profissionais da mãe genética que, no momento não deseja carregar um filho no ventre. Porém, nada disso importa para o Direito. Nos vários países onde o fato vem ocorrendo com maior frequência, o direito vem aceitando como fatos lícitos.

Não obstante a nossa opinião de que a mãe genética é a verdadeira mãe, devemos observar que, em nosso Código de Processo Civil, na Seção que trata da posse em nome do nascituro, menciona mulher grávida.

O artigo 877 do diploma processual exprime que, para garantia dos direitos do filho nascituro, a mulher que quiser provar seu estado de gravidez requererá ao juiz que mande examiná-la por um médico, tudo isso, para ser investida na posse dos direitos que eventualmente assistam ao nascituro.

Daí o impasse. O estado gravídico não é da mãe genética, mas, sim, da mãe substituta. Destarte, a primeira não está grávida e não tem como provar seu estado de gravidez, como é óbvio. A segunda não teria direito, em princípio, de exercer o poder familiar e, efetivamente, não tem o direito de ver-se investida na posse dos direitos do nascituro pela razão óbvia de não ser sua mãe, mas, sim, apenas ter emprestado seu útero para que ele seja gerado e dado à luz.

Portanto, diante desse impasse, pensamos que deve ser aplicado, sem dúvida alguma, o aforisma romano *"infantus conceptus pro jam nato habetur quoties de ejus commodis agitur"* por analogia e alternativamente ao direito positivo. Tanto a mãe genética quanto a mãe substituta poderão fazer o requerimento previsto nos artigos 877 e 878 do Código de Processo Civil. A mãe genética deverá provar a gravidez da mãe substituta e que forneceu o óvulo já fecundado. A mãe substituta deverá provar tão somente a gravidez.

O interesse da mãe genética sobreleva-se porque dela deverá ser o poder familiar e a princípio ela deverá ser investida na posse dos direitos que assistam ao nascituro. Caso o nascituro nasça com vida e morra logo a seguir, a herdeira será ela.

O interesse de agir da mãe substituta consolida-se em seu estado gravídico e nos direitos que juridicamente serão proveitosos ao nascituro por questões humanitárias e de solidariedade humana. Assim, a mãe substituta age em interesse do nascituro, segundo o aforisma citado, visando a tudo que lhe seja juridicamente proveitoso.

A mãe genética age por direito próprio, devendo apenas provar a gravidez da mãe substituta e que o óvulo fecundado a pertence. O embrião, na verdade, foi tão somente inoculado na mãe substituta, mas provém da mãe genética. Parte do genoma do nascituro é da mãe genética e parte é do pai, por meio da fusão dos gametas feminino e masculino.

Destarte, a mãe substituta age no interesse da mãe genética, visando a proteger todos os direitos que possam ser juridicamente proveitosos à *spes personae* que carrega em seu ventre. Na verdade, será mãe substituta e substituta processual.

Em sentido estrito, não se pode asseverar que a mãe substituta seja ascendente do filho procriado artificialmente.

É que, salvo o parentesco civil e o parentesco por afinidade, assim erigidos por força de ficção legal, por meio da adoção e das relações advindas do casamento, a conceituação do parentesco de qualquer espécie, nas linhas descendente, ascendente ou colateral, é sempre baseada na consanguinidade e consequentemente na herança genética.

8. A FILIAÇÃO E RELAÇÕES DE PARENTESCO

O conceito de parentesco não se cinge apenas ao vínculo entre pessoas que descendem de um ancestral comum, que consubstancia o parentesco consanguíneo, mas, abrange também o parentesco por afinidade e o parentesco civil, advindo da adoção.

O nosso sistema jurídico adota a relação de parentesco até o quarto grau.

O parentesco consanguíneo ou natural decorre das relações de sangue; por afinidade, quando resulta dos vínculos do casamento ou da união estável, ligando um componente da entidade familiar e os familiares do outro parceiro; e, finalmente, como já se disse, o parentesco civil emanado dos vínculos da adoção.

Existem duas linhas de parentesco, ou seja, a linha reta e a linha colateral. Na linha reta, são parentes as pessoas que são ascendentes e descendentes entre si.

Em linha reta descendente conta-se a série de graus a partir dos filhos e demais descendentes até o infinito. Na linha ascendente, a série de graus conta-se a partir dos pais até o infinito igualmente.

No parentesco colateral deve-se contar também por gerações, de forma que os parentes não descendam uns dos outros, mas de um tronco comum e assim, duas irmãs são parentes colaterais em segundo grau por descenderem dos mesmos genitores.

O direito brasileiro consagra por similitude os mesmos graus no caso de parentesco civil por adoção ou por afinidade, de maneira que, no caso dos adotivos, serão irmãos ou tios, como se fossem parentes naturais.[228] Dessa forma, uma pessoa adotada é irmã de outra em todos os sentidos jurídicos e, portanto, parente

---

[228] Art. 227, § 6º, da Constituição Federal.

em segundo grau na linha colateral, sem qualquer distinção. Equipara-se ao filho adotivo também ao legítimo de sangue.

A afinidade é o vínculo jurídico que se estabelece entre um cônjuge e os parentes de outro, nos limites fixados na lei.

O parentesco por afinidade, embora importe algumas limitações como a proibição de núpcias com os afins em linha reta, não obtém do sistema jurídico nenhum direito – por exemplo, herança ou alimentos.

O Código Civil de 2002 trouxe grandes modificações no que toca ao Direito de Família.

Consoante o inciso III do art. 1.597 do Código Civil, presumem-se concebidos na constância do casamento os filhos havidos por fecundação artificial homóloga,[229] mesmo que falecido o marido.

Esse dispositivo ajusta o que poderia vir a ser um grande problema com a fertilização *in vitro,* pois uma criança nascida depois de decorridos mais de trezentos dias, depois da dissolução da sociedade conjugal pela morte do marido, no sistema anterior, não era considerada concebida na constância do casamento, e isso impedia o registro do nome do pai, nos termos do art. 338, inciso II, do Código Civil de 1916.

É que para o inciso IV do art. 1.597 do Código Civil, presumem-se concebidos na constância do casamento os filhos havidos a qualquer tempo, quando se tratar de embriões excedentários, decorrentes de concepção artificial homóloga.

É evidente que o legislador, ao falar em embriões excedentários havidos a qualquer tempo, admite a possibilidade do seu congelamento.

Para o inciso V do mesmo dispositivo legal, presumem-se concebidos na constância do casamento os filhos havidos por inseminação artificial heteróloga,[230] desde que tenha prévia autorização do marido.

---

[229] Embrião havido de marido e mulher.
[230] Embrião havido de mulher com sêmen de homem que não seja o marido.

Esse é outro dispositivo que veio resolver uma questão ilícita, uma vez que, sob o pálio do Código Civil de 1916, a procriação artificial heteróloga não deixava de importar em verdadeiro registro do filho de outro como próprio, fato que se subsume ao tipo do art. 242 do Código Penal brasileiro.

No caso de gestação de substituição ou doação temporária de útero prevista na Resolução CFM n. 2.013/13, as doadoras temporárias de útero devem pertencer à família da doadora genética, num parentesco até segundo grau, sendo os demais casos sujeitos a autorização do Conselho Regional de Medicina.

Nesses casos, segundo o art. 1.592 do Código Civil, são parentes em linha colateral ou transversal, até o quarto grau, as pessoas provenientes de um só tronco, sem descenderem uma da outra.

Tudo isso considerado, serão parentes até segundo grau em linha reta da doadora genética, em linha ascendente, sua mãe até sua avó, e na linha descendente sua filha até sua neta.

Por sua vez, serão parentes até segundo grau em linha colateral da doadora genética somente suas irmãs, uma vez que o tronco comum será os seus pais.

Nessa perspectiva, não vemos nenhum impedimento da filha adotiva ou da irmã adotiva serem doadoras temporárias de útero para a mãe ou a irmã que serão doadoras genéticas. Da mesma maneira, não vemos qualquer limitação mesmo ética, da cunhada ou da sogra, parentes por afinidade, também serem mães de substituição.

Observe-se que a expressão "doadora genética" é tão só para aquela que contribuiu com seu óvulo e genes para a formação do genoma do embrião criopreservado, e não com a que apenas cedeu o útero.

9. O DIREITO DAS SUCESSÕES DOS EMBRIÕES CRIOPRESERVADOS

O direito sucessório remonta à mais longínqua antiguidade, desde que o homem deixou de ser nômade, mero caçador e colhedor, fixando-se na terra, fazendo uso das primeiras técnicas rudimentares, das culturas agrícolas e da criação de animais domésticos.

A transmissão por sucessão, que se defere a uma determinada pessoa indicada por lei ou por testamento os bens hereditários, apresenta variações diversas na história do direito.

Suceder significa substituir, ou seja, tomar o lugar do outro. Sucessão, em seu sentido genérico é a sequência de fatos ou atos que surgem uns após os outros.[231]

Consoante o art. 1.798 do Código Civil, legitimam-se a suceder as pessoas nascidas ou já concebidas no momento da abertura da sucessão.

Zeno Veloso afirma que, "desde o Direito Romano, já se concebe que seja beneficiada em testamento pessoa ainda não nascida, mas já concebida quando da abertura da sucessão".[232]

Carlos Roberto Gonçalves pontifica que a regra geral segundo a qual só têm legitimação para suceder as pessoas nascidas por ocasião da abertura da sucessão encontra exceção no caso do nascituro. Segundo o jurista, de acordo com o sistema adotado pelo Código Civil acerca do começo da personalidade natural (art. 2º), tem-se o nascimento com vida como o marco inicial da personalidade. Respeitam-se, porém, os direitos do nascituro, desde a concepção, pois desde esse momento já começa a formação do novo ser. Para esse autor, os nascituros podem ser, assim, chamados a suceder tanto na sucessão legítima como na testamentária, ficando a eficácia da vocação dependente do seu nascimento. Podem, com efeito, ser indicados para receber deixa testamentária.[233]

Para Maria Berenice Dias, a aquisição da capacidade sucessória está sujeita à ocorrência de condição suspensiva: o nascimento

---

[231] DIAS, Maria Berenice. *Manual das sucessões*. 2. ed. São Paulo: Revista dos Tribunais, 2011, p. 30.

[232] VELOSO, Zeno. *Testamentos*. 2. ed. São Paulo: Cejup, 1993, p. 418.

[233] GONÇALVES, Carlos Roberto. *Direito civil brasileiro*. São Paulo: Saraiva, 2007, v. VII, p. 51.

com vida. Assim, o nascituro se coloca como dotado de capacidade sucessória passiva condicional, já que ainda não tem personalidade civil. Se o nascituro não sobreviver ao parto, ou seja, não nascer com vida, não adquiriu a condição de herdeiro. Nessa hipótese, a herança a que faria jus retorna ao acervo sucessório para ser dividida entre os demais sucessores. Porém, se sobreviver, ainda que por poucos momentos, assumiu a condição de herdeiro e a ele se transmite a herança. Mesmo que venha a morrer logo após o nascimento, os bens recebidos são transmitidos aos seus sucessores. Essas consequências levam a uma controvérsia, que adentra mais na área da medicina legal, para identificar quer o momento do nascimento, quer a existência de vida, quer o momento da morte[234].

Entretanto, o propósito imediato que se tem neste parágrafo é de determinar sobre a possibilidade de o embrião congelado poder suceder ou não no direito pátrio.

Assim, retomando a dicção do art. 1.798 supramencionado, que declara expressamente que os já concebidos no momento da abertura da sucessão são legitimados a suceder, observa-se que tudo poderia estar a indicar que o dispositivo traz uma lacuna insolúvel diante do congelamento de embriões, que, muitas vezes, ficam congelados por tempo indeterminado. Isso poderia levar a crer, equivocadamente, que o inventário deveria ficar suspenso também indefinidamente, ou que, obrigatoriamente, se reservasse o quinhão do embrião ou embriões congelados por tempo indeterminado.

Deixar o quinhão do embrião no inventário em suspenso indefinitivamente, fere obviamente os princípios da atividade econômica, da livre circulação de bens, nos termos do art. 170 e seguintes da Constituição Federal.

---

[234] DIAS, Maria Berenice. *Manual das sucessões*. 2. ed. São Paulo: Revista dos Tribunais, 2011, p. 121.

São situações absurdas, e evidentemente não foi isso que quis dizer o legislador. Ora, já se viu acima que o embrião não é nascituro, uma vez que não está para nascer e somente se poderá falar em nascituro quando houver a nidação do ovo. Portanto, é a partir dessa que se pode dizer da existência do nascituro.

O que o legislador pretendeu ao incluir os concebidos como legitimados a suceder foi estender o benefício de forma literal e expressa apenas aos nascituros, que sob a regra do Código Civil de 1916 não constava dos seus arts. 1.717, 1.718, gerando certa perplexidade na doutrina e na jurisprudência.

Podemos ver, inclusive, que o art. 877 do Código de Processo Civil se refere a filho nascituro e o art. 878 se refere a gravidez, o que desde logo podemos inferir, peremptoriamente, que os embriões criopreservados estão excluídos do direito sucessório em vigor no Brasil.

Destarte, sob pena de inviabilizar a própria herança e o processo de inventário dos genitores falecidos de embriões congelados, não se pode admitir que os embriões criopreservados, embora concebidos, tenham legitimação para suceder, nos termos do art. 1.798 do Código Civil.

Como vimos, o art. 1.798 buscou apenas legitimar os nascituros, que, a partir de sua vigência em 2003, passaram a ter direito à sucessão de forma expressa, embora por questão de lógica, a herança só se consubstanciará em quinhão patrimonial se nascerem com vida.

Diante dessas considerações, podemos afirmar, então, que o embrião criopreservado não tem legitimação sucessória enquanto estiver fora do útero e congelado.

9.1. O testamento a favor de prole eventual e o embrião procriado artificialmente

Outro impasse angustiante no Direito Brasileiro diz respeito à possibilidade que o artigo 1.799, inciso I, do Código Civil concede ao testador beneficiar por testamento indivíduos não concebidos até a data de sua morte. Isto é, o testamento é feito a favor de pessoas sequer concebidas e só valerá se os pais estiverem vivos quando da morte do testador.

Destarte, a regra do artigo 1.798 de que podem adquirir por testamento as pessoas existentes ao tempo da morte do testador sofre exceção em relação ao concepturo, uma vez que poderá não vir ser concebido e, portanto, beneficiário de um testamento, evidentemente, com as considerações que já fizemos a respeito do assunto.

O testador pode, por exemplo, determinar que deixa todos os seus bens para o primeiro filho do sexo feminino de determinado casal. Diante de tal circunstância e perante a nova ciência da biogenética e da manipulação de embriões, o casal que, naturalmente, talvez fosse ter o primeiro filho do sexo masculino, poderá fraudar tal disposição testamentária, por meio da manipulação genética, fazendo com que o seu primeiro filho seja do sexo feminino, recebendo assim, todo o patrimônio hereditário do testador.

De outra forma, o testador pode deixar todo seu patrimônio para os filhos de determinada mulher que, na verdade, é estéril, porém para ela beneficiar-se da administração dos bens de uma prole, inocula em si o embrião de outra, dando à luz filhos que geneticamente são de outra mulher. Nesse caso estaria sendo respeitada a vontade do testador?

Por último, o que acontecerá se o testador beneficiou o filho da mãe genética que foi inoculado e nascido da mãe substituta? Ou beneficiou o filho da mãe substituta, com intenção de favorecer o patrimônio genético dela? Foi respeitada a declaração de última vontade do testador? Deve prevalecer a vontade do testador ou o interesse do nascituro?

Tudo isso tem ligação direta com o assunto tratado nesta obra, uma vez que a prole eventual deverá pelo menos estar concebida quando da morte do testador. Ou seja, pelo menos terá que haver um nascituro.

No primeiro caso, isto é, da mãe alterar o sexo do filho nascituro, haverá claramente uma fraude dolosa, anulando o testamento, com fulcro no artigo 171, inciso II, do Código Civil.

No segundo, também haverá fraude, uma vez que a mulher se tornou mãe substituta apenas para se beneficiar.

No terceiro caso, não há dolo ou fraude de ninguém, mas simplesmente um fato ocorrido ao acaso diante da ciência moderna.

Acontece, que a vontade do testador deve ser sempre respeitada, e sabemos que a intenção teralmente é no sentido da vontade do testador beneficiar uma criança portadora de um determinado patrimônio genético e não uma criança cujo patrimônio genético não provenha dos pais indicados. Não vai aqui nenhum preconceito ou opinião fascista, como à primeira vista pode parecer. Dissemos apenas que é o que geralmente acontece. Aí está o instinto da sobrevivência da espécie. Acontece com todos os homens, de todas as raças, cores e origens. Um negro naturalmente deseja que seu patrimônio e sua existência genética se prolonguem em seu filho genético, também negro, e não no filho genético de um branco da raça ariana. Mostramos, assim, que não se trata de preconceito, mas, sim, de uma constatação do que normalmente vem ocorrendo historicamente durante milênios. É puro instinto, muito primitivo do ser humano, e que também ocorre comumente entre os animais, principalmente entre os mamíferos.

Por conseguinte, deve-se sempre buscar a real vontade do testador nos termos do artigo 1.899 do Código Civil. Não há que se falar em interesse do nascituro em grau superior ao da última vontade do testador. Se for constatado que era indiferente ao testador o patrimônio genético, isto é, estaria ele testando a favor até mesmo *v.g.*, de uma *prole eventual adotiva*, o testamento será válido em qualquer hipótese.

Caso se constate que o testador tinha por intenção beneficiar prole eventual geneticamente provinda de determinada pessoa, aí não, o testamento será anulável, por erro na designação da pessoa do herdeiro, com fulcro nos artigos 138, 142 e 193 do Código Civil.

Por sua vez, no caso do testamento a favor de prole eventual da mãe substituta que venha efetivamente dar à luz e for constatado que o testador queria beneficiar filho geneticamente originado dela, pensamos ser anulável o testamento.

Mas na eventualidade do testador beneficiar prole eventual geneticamente proveniente da mãe infértil, que forneceu o óvulo fecundado para a mãe substituta, deve-se manter válido o testamento mesmo que essa prole eventual venha à luz pela mãe substituta. A intenção do testador era beneficiar um filho com um patrimônio genético específico. O filho, apesar de não ter vindo à luz por intermédio de sua mãe genética, herdará como se tivesse provindo dela. Deve-se, nesse caso, ater-se à real vontade do testador, como princípio específico do Direito das Sucessões, no que tange aos testamentos.

Todas essas questões vieram à luz no estudo atual do biodireito em confrontação com as velhas escolas doutrinárias a respeito do início da personalidade civil do ser humano. Tudo foi analisado consoante o direito vigente. Muito terá que se fazer em matéria de legislação futura e, na verdade, estamos às portas da vigência de novas legislações, que deverão se coadunar a todos esses problemas e prever o porvir. Para tanto, o legislador deve manter o princípio de que a personalidade civil do homem começa do nascimento, pois, só assim, as portas continuarão abertas para o crescimento científico da biotecnologia humana e do sistema aberto de normas.

Capítulo VIII

O nascituro na conjuntura do ordenamento jurídico brasileiro

1. O TEMA ABORDADO E O ANTEPROJETO DE REFORMA DO CÓDIGO PENAL

Da mesma maneira como ocorreu com o Código Civil, em relação ao nascituro, o anteprojeto do Código Penal não trouxe grandes modificações ontológicas. Na verdade, até evoluiu no sentido de corroborar a escola natalista de que o nascituro realmente não é pessoa em nosso Ordenamento Jurídico. Exclui a tipificação do aborto eugênico.

Assim, não só manteve o crime de aborto como figura autônoma do crime de homicídio, mas ainda progrediu no sentido de legalizar o aborto eugênico.

Continua não existindo o crime de lesão corporal contra o embrião e o feto. Se lesão houver, será contra a gestante.

Na exposição de motivos, os autores do anteprojeto, inclusive, manifestaram-se no sentido de que o direito deve sempre acompanhar a sua época, demonstrando clarividência em relação à sociologia do direito. Por causa disso, reproduzimos parte daquela exposição, concernente ao aborto, conforme se segue:

> O texto penal deve traduzir o entendimento da sociedade, no sentido de ajustar-se à orientação que imprime à conduta dos cidadãos. Cumpre, ademais, antecipar-se a fatos que a Criminologia, ao estudar os fatores da criminalidade, enseja antever o que deverá acontecer.
>
> O Código Penal precisa responder às exigências de hoje. Aliás, em 1961, o Presidente Jânio Quadros teve a primeira iniciativa de reformulá-lo. Incumbido de fazê-lo o Ministro Nelson Hungria. Apresentado o anteprojeto em 1963, promulgado em 1969 para vigorar a partir de 1970. Houve sucessivas prorrogações da *vacatio legis*, recebendo numerosas emendas. Revogado em 1978. Em 1980, o Ministro da Justiça, Ibrahim Abi Ackel, constituiu Comissão presidida pelo Professor Assis Toledo a fim de rever a Parte Geral. Acabou transformado na Lei n. 7.209, de 11 de julho de 1984. O mesmo Ministro formou outra Comissão, agora para rever a Parte Especial, com o mesmo presidente; afastando-se por razões particulares, fora substituído pelo Desembargador Luiz Vicente Cernicchiaro. Concluído o trabalho, publicado, recebeu numerosas contribuições da sociedade. Republicado, após revisto pelo Conselho Nacional de Política Criminal e Penitenciária, por deliberação do Ministro Paulo Brossard. Não encaminhado ao Congresso Nacional. Mais tarde, o Ministro da Justiça, Maurício Corrêa, tenta levar avante o projeto de atualização. A Comissão encerrou os trabalhos que recebeu o título – Esboço de Anteprojeto do Código Penal – Parte Especial – a que se atribuiu o título – Esboço Ministro Evandro Lins – em homenagem ao Presidente da Comissão. Isso foi em 1994. Mais uma vez, a sucessão presidencial, mudando o titular da Pasta da Justiça, interromperia os trabalhos. O Ministro Alexandre Dupeyrat não ordenara a publicação para conhecimento da sociedade. O Ministro Íris Rezende acolhe também a ideia e, no final de 1997, constituiu Comissão, com indicação de Consultores.
>
> A Comissão, como se vê, vinha dando sequência a trabalho que se desenvolvia há trinta e sete anos.

Tendo em vista, de um lado, o prazo e, de outro, o consenso de que a Parte Geral, alterada por ocasião do movimento de reforma de 1984, não apresenta grandes problemas, com exceção do tratamento das penas, assentou na primeira reunião de fixação da metodologia dos trabalhos que se daria preferência à revisão da Parte especial, tomando como ponto de partida o Esboço de 1994, que, por sua vez, reviu e se inspirou no anteprojeto de 1984.

A Comissão sugere ampliar a extensão do aborto legal. Mantém o chamado aborto necessário; dá nova redação ao aborto ético; menciona, além do estupro, 'violação da liberdade sexual, ou emprego não consentido de técnica de reprodução assistida'. Além disso, quando houver 'fundada probabilidade, atestada por dois outros médicos, de o nascituro apresentar graves e irreversíveis anomalias físicas ou mentais'. *Ad cautelam*, 'deve ser precedido de consentimento da gestante, ou quando menor, incapaz ou impossibilitada de consentir, de seu representante legal, do cônjuge ou de seu companheiro', além da não oposição justificada do cônjuge ou companheiro.

O anteprojeto de reforma no Código Penal manteve então o crime de aborto autonomamente do crime de homicídio, demonstrando que matar uma pessoa nascida é diferente e mais grave do que matar um nascituro. Aliás, as denominações dos crimes são, inclusive, diferentes, e mantém-se com a mesma denominação anterior, sendo que a pena para o crime de homicídio é sempre muito superior à pena para o crime de aborto.

Aproximando-se da realidade da época, criou a figura da eutanásia, que existiu desde os primórdios, como se atesta na própria bíblia em I, Samuel, 31, 1-13, na narrativa da morte de Saul e, outrossim, torna lícito o aborto eugênico, uma vez que essa conduta, pelo teor do anteprojeto, é uma das modalidades de exclusão de ilicitude, cujo preceito usa o termo "não há crime".

2. O SENTIDO PRÁTICO DAS DOUTRINAS NATALISTA E CONCEPCIONISTA

Dissemos no início desta obra que alguma doutrina divide a escola concepcionista em dois ramos, a saber: a verdadeiramente concepcionista e a doutrina concepcionista da personalidade condicional.

A doutrina chamada por alguns de verdadeiramente concepcionista sustenta que a personalidade começa da concepção e não do nascimento, sem qualquer condição. Apenas os efeitos de alguns direitos, como os direitos patrimoniais, dependem do nascimento com vida.

A doutrina concepcionista da personalidade condicional é noticiada por *Eduardo Espinola* e *Espinola Filho*, reconhecendo a personalidade, desde a concepção, porém, sob a condição do *infans conceptus* nascer com vida.

Em nosso entender, demonstramos nesta obra que ambas as doutrinas não foram adotadas no Direito Brasileiro e, na verdade, são absolutamente incompatíveis com o nosso sistema jurídico, e com os ordenamentos modernos do mundo e refutadas expressamente no voto vencedor do relator da ADIn 3.510-0 julgada no STF.

A chamada teoria verdadeiramente concepcionista, que defende a suspensão apenas dos direitos patrimoniais para depois do nascimento, não se coaduna, por exemplo, com o direito da nacionalidade, que, às claras, não é direito patrimonial, e está insculpido em nossa Constituição como direito de todos que só é adquirido após o nascimento. O mesmo dá-se em relação ao direito que toda pessoa tem a um nome, que também só é possível depois do nascimento e, evidentemente, não se trata de direito patrimonial.

Por outro lado, a chamada doutrina verdadeiramente concepcionista mostra-se mais retrógrada diante da lógica jurídica. Não há como explicar, sob essa corrente, que só porque o embrião não está no ventre materno, não seja pessoa, mesmo que tecnicamente também não seja nascituro. A qualidade e a essência dos seres e das coisas, não se modificam, ontologicamente, apenas por sua localização no espaço ou pelos diversos nomes que têm, a menos que sejam coisas e seres diferentes. Nascituro ou não, o embrião fertilizado *in vitro* está concebido. Se não é nascituro, concebido é. Ao mesmo tempo, continua sendo embrião estando ou não no útero materno. Destarte, aquela doutrina, que ao contrário da doutrina natalista afirma que desde a concepção o fruto do ser humano é pessoa, entra em total contradição diante da biotecnologia.

No entanto, uma qualidade a doutrina verdadeiramente concepcionista tem. Caso tivesse o nosso ordenamento a admitido, teria pelo menos um sentido prático, o que não ocorre com a doutrina concepcionista da personalidade condicional.

A doutrina concepcionista da personalidade condicional, que chamamos de originária, na verdade não tem nenhum sentido prático, salvo se os direitos do nascituro fossem admitidos como não taxativos, ou seja, se fossem estendidos todos os direitos do nascido ao nascituro, como advoga a chamada doutrina verdadeiramente concepcionista. Isto é, ter o nascituro todos os direitos e obrigações da pessoa já nascida. Caso contrário, como se disse, nenhum sentido prático tem a doutrina concepcionista da personalidade condicional, e os seus adeptos, fatalmente, caem no vazio, pois a tese passa a cingir-se em órbita unicamente acadêmica.

Se a lei conferisse todos os direitos ao nascituro, como pessoa já nascida, haveria ao menos um sentido prático, pois, aí sim, ele poderia praticar todos os atos da vida civil mediante um representante, e caso não nascesse com vida, seus herdeiros o sucederiam em seu patrimônio, exatamente como uma pessoa já nascida. Todos os bens que lhe fossem transmitidos seriam direitos atuais e não meras expectativas. Mas, sabemos, isso efetivamente não ocorre no Direito Brasileiro.

Dizer-se que o nascituro é pessoa apenas para aquilo que lhe é juridicamente proveitoso, porque a lei confere-lhe alguns direitos, configura tese de cunho apenas acadêmico, pois, não nascendo com vida, é como se não tivesse sequer sido concebido e, assim, nenhum direito ser-lhe-á conferido. Essa corrente doutrinária, além de ferir a primeira parte do art. 2.º do Código Civil, opera os mesmos efeitos da doutrina natalista, única que se coaduna com a hermenêutica do nosso sistema jurídico e, ainda, sem a mesma coerência.

Operando os mesmos efeitos da doutrina natalista, deve-se ficar com a que encontra coerência em face do ordenamento jurídico e com o futuro do direito, que segue velozmente rumo ao novo ramo do biodireito.

Nascendo morto o nascituro, nenhum efeito juridicamente relevante produz, tanto diante da doutrina natalista quanto perante a doutrina concepcionista da personalidade condicional.

Deve-se ter em mente que ou se admite que o feto vivo já entre no mundo jurídico, ou não se admite.[235] No primeiro caso, a personalidade começaria com a prova da existência futura, e disso decorreria que o nascituro poderia praticar todos e quaisquer atos de direito material e de direito processual por meio de um representante.

Por isso, pensamos que o aforisma romano *infantus conceptus pro jam nato habetur quoties de ejus commodis agitur*, perante a doutrina concepcionista, não tem nenhum aspecto prático, uma vez que se o nascituro nasce morto, não se tem por nascido, nem sequer procriado. *Qui mortui nascuntur, neque nati neque procreati videntur.*[236]

Assim, a menos que se admita que os direitos do nascituro não sejam taxativos, ou seja, irrestritos, nenhuma utilidade prática tem a escola concepcionista da personalidade condicional.

Entretanto, devemos consignar que a chamada doutrina verdadeiramente concepcionista, ou poderíamos dizer incondicional, nunca encontrou agasalho em qualquer sistema legal, nem no Argentino, e não há qualquer resquício de sua aplicação prática e efetiva no Direito Romano. A doutrina só encontra alguma guarida no Direito Canônico. Diante do moderno biodireito e da ciência da biogenética, a adoção desta doutrina significaria um retrocesso de uma magnitude descomunal e, na verdade, inexequível, colocando em risco a efetividade do sistema jurídico, bem como a evolução científica do país.

---

[235] PONTES DE MIRANDA, F. C. Op. cit., v. I, p. 177.
[236] PONTES DE MIRANDA, F. C. Op. cit., v. I, p. 180.

No Brasil, como vimos, não há como admitir essa opinião de que os direitos do nascituro não são taxativos. Isto é, que não sejam apenas aqueles expressamente declinados em lei. Se, ao contrário, admitirmos isso, aniquilaremos mortalmente a primeira parte do artigo 2.º do Código Civil, tornando-a inócua em nosso ordenamento jurídico, o que sem dúvida alguma é uma teratogenia jurídica.

Não há como conciliar a doutrina que sustenta a irrestritibilidade dos direitos do nascituro com os direitos civil, penal, constitucional, processual, trabalhista, comercial, tributário com o novel biodireito, enfim, com todo o ordenamento jurídico pátrio.

A escola natalista que, por sua vez, defende a taxatividade dos direitos do nascituro como meras expectativas, atende não só ao aspecto prático, como também ao aspecto jurídico, em conformidade com a interpretação sistemática e teleológica do nosso ordenamento jurídico como um todo. O artigo 2.º do Código Civil, que define o início da personalidade, não é ferido, nem qualquer outro instituto legal ou jurídico.

A escola natalista não se confronta com a evolução da genética e do biodireito, e, ao mesmo tempo, pode se adaptar até com as opiniões da Igreja Católica. Ou seja, a escola natalista adapta-se perfeitamente ao mundo moderno e ao futuro previsível, assim como se adaptou muito bem ao Direito Romano. A sua aplicação prática sempre foi possível e, pelo que tudo indica, nesta era, sempre o será.

3. O NASCITURO SOB A ÓTICA DA INTERPRETAÇÃO SISTEMÁTICA DO DIREITO BRASILEIRO

Não obstante respeitáveis os argumentos dos concepcionistas, defendidos por incontestáveis expoentes da doutrina nacional e estrangeira, não nos colocamos entre os seus adeptos, principalmente devido à correta interpretação sistemática do Direito Brasileiro, e porque a escola natalista é a única que tem possibilidade de sobrevivência perante o biodireito que surge de forma avassaladora.

Segundo pensamos, e conforme restou demonstrado, o nascituro, embora tenha vida humana, é mera expectativa de pessoa, e, por isso, tem apenas expectativas de direito. O curador, na verdade, não o representa, mas, sim, cuida para que seus futuros e eventuais direitos sejam garantidos em caso de vir a nascer com vida. É mero vigilante dos eventuais direitos dos quais o nascituro possa ser sujeito, em caso de nascer com vida.

Como se extrai do próprio Direito Romano, nem sempre a existência da vida humana induz à existência de pessoa, uma vez que os escravos, conquanto fossem seres humanos, não eram considerados pessoas. Outrossim, os estrangeiros, que não obstante fossem livres, não eram tidos como pessoas no sentido pleno e jurídico do vocábulo. Infere-se, então, que o conceito de personalidade civil é instituído pelo Estado, de acordo com cada momento histórico e social.

O Direito como filosofia social evolui passo a passo com a civilização, e deve ser interpretado de acordo com a sua época.

Assim, nada obsta que o Direito atual considere e respeite o nascituro como portador de vida humana, sem que seja pessoa, nos mesmos termos em que uma semente não é árvore e que o escravo não era pessoa em Roma. Mesmo porque os doutrinadores natalistas de escol, ao interpretarem o Direito Romano, afirmam que desde aquela época, o nascituro não era pessoa.

Estabelecendo o artigo 2.º do Código Civil Brasileiro que a lei põe a salvo desde a concepção os direitos do nascituro, há de se considerar que se trate não de direitos atuais e reais, mas de expectativas que se tornarão direitos se ele nascer vivo, e que só nos casos expressamente fixados pelo direito positivo existirá essa proteção de interesses, para cuja efetividade o artigo 462 do diploma citado determina a nomeação de um curador, falecendo o pai e não tendo a mãe o pátrio poder.

Essa exegese do artigo 2.º do Código Civil impõe-se em face da interpretação sistemática da mesma codificação.

Com efeito, se o sentido do citado artigo 2.º fosse o de abarcar quaisquer direitos, não se justificaria que o mesmo Código Civil ressalvasse, expressamente, certas expectativas do nascituro (*v.g.* artigos 353, 1.169, 1.718 do CC), pois estariam elas necessariamente abarcadas pela regra geral.

O confronto entre a primeira e a segunda parte do artigo 2.º do Código Civil, sem se levar em conta uma interpretação sistemática e teleológica, conduziria à negação de uma parte pela outra, anulando-as mutuamente, o que resultaria em negação de vigência ao próprio artigo citado.

Para que a primeira parte do artigo 2.º do Código Civil não resulte inócua no ordenamento jurídico, o que seria uma heresia, há de admitir-se que a personalidade civil da pessoa começa do nascimento com vida, mas a lei põe a salvo os direitos do nascituro, enquanto expectativas, para quando ele nascer com vida, que é a presunção mais lógica.

Sob pena de aniquilamento da primeira parte do artigo 2.º do Código Civil, a única interpretação viável é a que só se pode exigir a proteção de direitos do nascituro nos casos taxativamente estabelecidos por lei.

O Direito Constitucional não agasalha a nacionalidade desde a concepção, mas, pelo contrário, exige o nascimento com vida para que qualquer pessoa tenha uma nacionalidade. Até para que seja considerada apátrida, a pessoa deve ter nascido com vida. A conclusão lógica é que o nascituro não tem nacionalidade, nem mesmo é um apátrida, porque não é pessoa diante do Direito.

Restou demonstrado, outrossim, que o nascituro não tem capacidade processual e nenhum direito lhe é conferido em matéria do Direito do Trabalho, cujo sujeito de direito é a mãe trabalhadora. O mesmo ocorre quanto ao direito de propriedade e, consequentemente, em relação ao Direito Tributário e ao Direito Administrativo.

O estudo da legislação comparada demonstra que assim como ocorre no direito positivo brasileiro, os códigos estrangeiros que claramente optaram pela escola natalista, também se referem sempre aos direitos do nascituro, em uma incorreção técnica evidente, porque o nascituro também não tem direitos naquelas legislações. Porém, não significa com isso que as legislações estrangeiras mencionadas tenham abraçado a teoria concepcionista para o início da personalidade civil do ser humano. A doutrina de todos aqueles países considera meras expectativas os direitos que a ordem jurídica salvaguarda aos nascituros.

Dessarte, para se concluir que o sistema jurídico brasileiro adotou induvidosamente a escola natalista, basta que se comparem os arts. 4.º, 5.º e 6.º do Código Civil nacional, com os artigos 54, 63 e 70 do Código Civil Argentino, que adotou expressamente a escola concepcionista, ou que se compare o nosso sistema jurídico com os outros sistemas que adotam a mesma escola natalista.

No Direito Penal, o aborto terapêutico e o aborto humanitário bem demonstram que a vida da mãe, como pessoa já nascida, tem mais valor do que a vida do nascituro. Outrossim, caso o nascituro fosse pessoa, nenhuma necessidade haveria de instituir-se o aborto como tipo penal, pois a conduta estaria subsumida no crime de homicídio. Ressalte-se que as penas das diversas modalidades de aborto são sempre inferiores às modalidades de homicídio e, por outro lado, não é punido o aborto culposo, nem as lesões corporais possíveis de serem cometidas contra o nascituro.

A doação de embriões é perfeitamente permitida pela nossa Constituição Federal, no artigo 199, § 4.º, não obstante o mesmo dispositivo proíba a sua comercialização. Por analogia, o artigo permite a destruição de embriões. Em nosso Direito não há proibição da destruição do sangue ou de tecidos e substâncias do corpo humano.

Por outra forma, em um pensamento filosófico puro, o nascituro é pessoa futura enquanto possibilidade e não fato certo. É uma promessa de pessoa,[237] pois pode não nascer com vida e toda promessa ou possibilidade é futuro. Em metafísica, o futuro,

---

[237] *Spes personae.*

quando se torna presente, é a passagem do possível para o real, posto isso, infere-se que o possível ainda não existe.

Já na hermenêutica da lei, sob a dicção do magistral Carlos Maximiliano,

> o processo de interpretação sistemático, consiste em comparar o dispositivo sujeito a exegese, com outros do mesmo repositório ou de leis diversas, mas referentes ao mesmo objeto.
>
> Diz o jurista, que por umas normas se conhece o espírito das outras. Procura-se conciliar as palavras antecedentes com as consequentes, e do exame das regras em conjunto, deduzir o sentido de cada uma.[238]

É que cada preceito pertence a um grande todo, e por isso, do exame em conjunto, resulta a cognição para o caso em apreço.

O hermeneuta eleva o olhar dos casos especiais para os princípios dirigentes a que eles se acham submetidos; indaga se obedecendo a uma, não viola a outra; inquire das consequências possíveis de cada exegese isolada. Assim, contemplados do alto os fenômenos jurídicos, melhor se verifica o sentido de cada brocardo, bem como se um dispositivo deve ser tomado na acepção ampla, ou na estrita, como preceito comum, ou especial.

Já se não admitia em Roma que o juiz decidisse, tendo em mira apenas uma parte da lei; cumpria examinar a norma em conjunto: *Incivile est, nisi tota lege perspecta, una aliqua particula ejus proposita, judicare, vel respondere* – "é contra o Direito julgar ou emitir parecer, tendo diante dos olhos, ao invés da lei em conjunto, só uma parte da mesma".[239]

Por sua vez, segundo Eduardo Espinola:

> o elemento sistemático tem de ser, necessariamente, unido aos elementos gramatical e lógicos, para já na fase gramatical, mas princi-

---

[238] MAXIMILIANO, Carlos. *Hermenêutica e aplicação do direito*. 9. ed. 2.ª tiragem. Rio de Janeiro: Forense, 1981, p. 128.

[239] MAXIMILIANO, Carlos. Op. cit., p. 129.

palmente no momento lógico do processo interpretativo, fazer que este desempenhe em toda a sua amplitude, a função que lhe é atribuída, de esclarecer o sentido e o conteúdo dos preceitos, de acordo com a sua finalidade prática e social.[240]

Como se vê, de acordo com a interpretação sistemática, deve-se indagar, se obedecendo a uma regra, não se viola outra. A doutrina concepcionista, ao defender que a personalidade civil da pessoa começa da concepção, consoante a segunda parte do artigo 2.º do Código Civil, viola a primeira regra, constante na primeira parte do mesmo artigo 2.º, que diz expressamente que a personalidade civil da pessoa começa do nascimento com vida, além de violar os preceitos da nacionalidade insculpidos na Constituição Federal, bem como os preceitos do Código Penal, ou seja, viola todo o ordenamento jurídico pátrio, tornando-se incongruente.

A interpretação sistemática sob a óptica da doutrina natalista não viola regra alguma do Código Civil, nem sequer do ordenamento jurídico pátrio no todo, já que considerando o nascituro expectativa de pessoa, encaixa-se como luvas no Direito Brasileiro, em todos os seus aspectos e disciplinas jurídicas, compatível inclusive com o tão decantado biodireito, que certamente difundir-se-á no século XXI de forma incomensurável, e também com a propalada, que a cada momento toma conta das mentes menos reacionárias da magistratura nacional.

No fundo, nenhum sentido prático diverso a doutrina concepcionista da personalidade condicional tem da natalista, uma vez que igualmente com esta os direitos do nascituro sempre estarão condicionados ao nascimento com vida para serem efetivados. Abstratamente, a doutrina concepcionista entra em contradição total e, na prática, é inaplicável. Na verdade, a doutrina da escola concepcionista é flagrantemente mais retrógrada do que a doutrina da escola natalista.

---

[240] ESPINOLA, Eduardo; ESPINOLA FILHO, Eduardo. A *Lei de Introdução ao Código Civil brasileiro...* cit., v. 1, p. 207.

Do que foi expendido e fundamentado, chega-se à conclusão lógica, sistemática e peremptória de que, diante do Ordenamento Jurídico Brasileiro, o nascituro não é pessoa, e os direitos que a ele devem ser atribuídos como expectativas são apenas aqueles expressamente determinados em lei.

Outrossim, diante da Reforma Constitucional que é omissa, do Novo Código Civil e do Anteprojeto do Código Penal que ontologicamente em nada mudaram em relação ao tema, e, principalmente, diante do progresso avassalador da Ciência da Biotecnologia, que decifrou o código genético do ser humano, e da galopante mudança do comportamento social e ético, ao que parece, nosso Ordenamento Jurídico vai continuar não considerando o nascituro pessoa, mas, sim, uma mera expectativa de pessoa.

Sabe-se que o Direito difere totalmente do mundo da natureza. O Direito é o conjunto das normas jurídicas que se destinam a dispor como as coisas devem ser. A lei estabelece como deve ser o comportamento do homem, e não como realmente são tais comportamentos. O Direito não descreve a realidade, ou seja, não diz como ela é, mas, sim, intervém na realidade, dispondo como ela deve ser. Dessas noções, vislumbra-se a existência de dois mundos distintos: o mundo do ser, da natureza, e o mundo do dever-ser, das normas jurídicas.

Quando cuidamos do Direito, ocupamo-nos do mundo do dever-ser, e não do mundo do ser.

Assim, explica-se o motivo de geralmente nos confundirmos ao tentarmos desvendar o significado de pessoa e personalidade para o Direito, em virtude do termo "pessoa" ter um sentido no mundo do ser que já conhecemos concretamente, e, por isso, instintivamente transportamos esse conceito para o mundo do dever-ser. Isso causa grandes confusões e perplexidades.

Pessoa, no sentido que nos interessa, é o jurídico, e não o da natureza, e, assim, podemos afirmar que pessoa é o ente a que o Direito concedeu a qualidade de centro de direitos e deveres, outorgando-lhe, por conseguinte, a personalidade jurídica.

Quando dissemos que em Roma o escravo não era considerado pessoa, estávamos afirmando que as normas jurídicas não o consideravam centro de direitos e deveres e, coerentemente, não era portador de personalidade jurídica.

Platão chegou a afirmar em uma de suas doxografias que "o semelhante é por natureza parente do semelhante, mas a lei, tirano dos homens, é muitas vezes contrária à natureza".

A maneira simples e prática de resolver o problema está em negar o preceito de que os direitos do indivíduo são dados com o próprio indivíduo, mas, sim, em admitir que a constituição desses direitos é obra do Estado. Por isso, deve o Estado Brasileiro, neste momento de grande revolução cultural e científica, evitar uma legislação retrógrada e incongruente com a vida moderna em seus aspectos mais amplos.

Desejamos consignar, por fim, por amor ao estudo científico do Direito, que a presente obra teve por objeto imediato o tema do "NASCITURO", de forma exclusiva, em função da atual Ordem Jurídica Brasileira.

4 O TEMA EM FACE DA NOVA INTERPRETAÇÃO CONSTITUCIONAL DO DIREITO BRASILEIRO

O nosso Código Civil de 1916, como já dissemos, foi fortemente influenciado pelo Código Napoleônico e pelo Código Civil alemão. Foi um diploma inspirado pelo liberalismo jurídico e, portanto, fortemente individualista.

Atualmente, com o Estado Democrático de Direito, busca-se uma justiça mais democratizada, visando práticas populares na reforma e gestão de conflitos.

A superação do positivismo clássico propiciou uma abordagem valorativa do direito, e as ordens jurídico-constitucionais do ocidente não ficaram inertes a isso. A Constituição brasileira estatuiu em seu art. 3º, inciso I, como um dos objetivos fundamentais da república, a construção de uma sociedade livre, justa e solidária.

Nos dizeres de *Guilherme Calmon Nogueira da Gama* e *Felipe Germano Cacicedo Cidad*, a solidariedade, ou socialidade, é um dos princípios basilares do Estado, e deve ser entendida em primeira colocação como um elemento essencial de interpretação, na forma de hermenêutica conforme a Constituição, irradiada pelo princípio maior da democracia social e econômica. A circunstância de o legislador constituinte haver incluído no texto constitucional vários princípios e regras tipicamente de Direito Privado impõe que todas as normas infraconstitucionais de Direito Civil devam ser interpretadas em conformidade com a Constituição.[241]

A politização da atuação judicial e a transformação na cultura jurídica do país são realidades emergentes de um novo Judiciário, reorientado por valores democratizantes e práticas inovadoras.

No entendimento de Jaqueline Sinhoretto, entre os três poderes republicanos, o Judiciário despertou mais tardiamente a atenção dos cientistas sociais. Era ele tradicionalmente objeto das ciências jurídicas porque nelas predominava o paradigma positivista, que defendia a autonomia dos fatos jurídicos em relação aos fatos sociais. Assim, o estudo do impacto e dos efeitos do mundo normativo sobre as relações sociais, não constituía interesse para a visão predominante da ciência jurídica. Por sua vez, do lado das ciências sociais, afirma a autora, o interesse sempre presente sobre a produção e o controle do crime predominou sobre outros questionamentos a respeito da relação entre o mundo das normas e a constituição social. A leitura marxista majoritária levava a crer que o mundo jurídico não tinha autonomia, não sendo necessário conhecer suas peculiaridades, as quais corresponderiam aos mecanismos mais gerais da dominação de classe e expansão do capital. Defende a autora que foi com o declínio da ortodoxia marxista e a abertura para novas interpretações, que o tema foi retomado na influência de escolas sociológicas já consagradas internacionalmente, como a ecologia criminal, o interacionismo simbólico, os

---

[241] GAMA Guilherme Calmon Nogueira da; CIDAD, Felipe Germano Cacicedo. In: _____. *Função social no direito* civil. São Paulo: Atlas, 2007, p. 23-24.

estudos organizacionais (de inspiração weberiana) e uma nova sociologia crítica de influência foucaultiana.[242]

Foi em vista a isso, e com o advento da Constituição de 1988, que foram feitos os últimos ajustes do novo Código Civil brasileiro (2002), que conforme Miguel Reale deu primordialmente ênfase aos princípios da socialidade, da eticidade e do princípio da operabilidade.

Sob os dizeres desse emérito jurista, se não houve a vitória do socialismo, houve o triunfo da socialidade, fazendo prevalecer os valores coletivos sobre os individuais, sem perda, porém, do valor fundante da pessoa humana.

Ressalta que o novo código permite ao juiz resolver os conflitos em conformidade com valores éticos, perfeitamente condizentes com a operabilidade.

Como já dissemos reiteradas vezes, pessoa no sentido que nos interessa é aquela vista sob o aspecto jurídico, e não sob o prisma biológico, da natureza, e, assim, é o ente a que o Direito concedeu a qualidade de centro de direitos e deveres, outorgando-lhe, consequentemente, a personalidade civil.

Os defensores da teoria concepcionista da personalidade civil, que advogam o início desta a partir da concepção e não do nascimento, frequentemente apontam o art. 5º da Constituição Federal para arrimar a sua tese, ao argumento de que esse dispositivo constitucional protege a vida do *ser humano*, de forma ampla e sem limites.

Ora, o art. 5º da Constituição Federal deve ser lido e interpretado em sua completude, quando então, há de se deduzir, às escâncaras, que protege apenas os brasileiros e os estrangeiros residentes no país, estando excluídos, pois, o nascituro e o embrião humano congelado. Foi claramente nesse sentido que o Supremo Tribunal Federal julgou a Ação Direta de Inconsti-

---

[242] Cf. SINHORETTO, Jacqueline. *A justiça perto do povo*: reforma e gestão de conflitos. São Paulo: Alameda, 2011, p. 97.

tucionalidade n. 3.510-0 cuja publicação efetivou-se no DOU em 28 de maio de 2010.

Mister consignar que a tese vencedora nesta ADIn, foi expressamente a da Teoria da Escola Natalista da personalidade civil, defendida pela Advocacia Geral da União em sua peça de defesa.[243]

No Direito Constitucional, com relação ao embrião humano, vem a lume, em primeiro lugar, a controvérsia sobre se a Carta Magna fixa ou não o direito à vida daqueles que estão apenas concebidos. E nesse sentido busca-se investigar se a Constituição confere direitos ao embrião criopreservado, isto é, se este tem algum direito constitucionalmente previsto.

Não há dúvidas de que, contrastando o direito à vida do embrião congelado, existe também o direito da mulher de escolher quando engravidar, ou seja, direito à sua autodeterminação de procriar. Podendo inclusive não querer engravidar.

No nosso sistema jurídico, ninguém poderá obrigar uma mulher a se submeter a qualquer procedimento reprodutivo artificial, sem o seu consentimento. Seria um ato atentatório à dignidade da mulher, uma vez que afrontaria teratologicamente a natural dignidade da pessoa humana.

Enquanto a Constituição concede às pessoas o direito à vida, também concede a inviolabilidade do direito à liberdade. No direito à liberdade se subsume o direito de ir e vir, como também o direito de fazer ou não fazer, salvo em virtude de lei e também, a autodeterminação quanto ao direito de procriar, nos termos do art. 226, § 7º, da Constituição Federal.

Destarte, o direito à vida do embrião *congelado* estará sempre condicionado à vontade da mãe ou de outra mulher de engravidar livremente. O direito à vida do embrião *congelado* é condicionado por esse direito ao próprio corpo e de livre procriação da mulher.

---

[243] ADIn 3.510. Disponível em: <http://www.migalhas.com.br/mostra_noticia. aspx? cod=38404>. Acesso em: 20 out. 2011.

Com relação ao art. 5º da Constituição Federal, explanamos acima que nele é protegida a vida apenas dos brasileiros e estrangeiros residentes no país, não abrangendo, pois, o embrião, que, à obviedade, não é brasileiro ou estrangeiro. O mesmo se aplica ao nascituro.

Destarte, não há como se estender o direito à vida, referido no art. 5º da Constituição Federal nem aos nascituros, nem aos embriões congelados, considerando que o *caput* deste artigo, conforme entendimento do STF na ADIn n. 3510-0 protege apenas os nativivos.

A nossa Magna Corte procurou observar a aplicação de alguns princípios máximos, segundo os quais deve-se interpretar as leis infraconstitucionais em conformidade com a Constituição. É o que a doutrina conceitua como princípio da interpretação conforme a Constituição.

Quando julgou improcedente a ADIn n. 3.510-0, o STF, além de manter a vigência integral da primeira parte do art. 2º do Código Civil, também, de forma direta, manteve em vigor, em sua íntegra, o art. 128, incisos I e II, do Código Penal brasileiro em consonância com o art. 1º, inciso III, e o art. 5º, *caput*, da Constituição Federal. Essa conclusão é óbvia, pois, caso o STF a julgasse procedente, esses dispositivos citados estariam automaticamente em desacordo com a carta magna.

Por conseguinte, no aborto em caso de gravidez que resulte risco de morte para a gestante (art. 128, I, do CP), a lei infraconstitucional atende a dicção do *caput* do art. 5º da Constituição Federal, quanto à proteção da vida das pessoas assim consideradas juridicamente, que no caso é a pessoa gestante.

Carlos Ayres Britto teve este mesmo entendimento, quando no item 19 de seu voto na ADIn 3.510-0 afirma expressamente o seguinte:

> Falo 'pessoas físicas ou naturais', devo explicar, para abranger tãosomente aquelas que sobrevivem ao parto feminino e por isso mesmo contempladas com o atributo a que o art. 2º do Código Civil brasileiro chama de 'personalidade civil'.

Visto de outra forma, e consoante *Ana Paula de Barcellos*, à medida que a ponderação vai sendo forjada em abstrato ou preventivamente, por meio da discussão de casos hipotéticos ou passados, o juiz terá balizas prefixadas quando se defrontar com casos reais. Esse conjunto de ideias conduz à formulação de dois momentos para a ponderação ou de duas modalidades de processos ponderativos, que podem ser denominadas ponderação preventiva ou abstrata e ponderação real ou concreta.[244]

Não devemos nos esquecer, outrossim, do atual conceito de sistema, que se admite incompleto, aberto, adaptável e assim com mobilidade em certas áreas, que está ligado ao denominado *novo pensamento sistemático*.

O *novo pensamento sistemático* reconhece a importância do pensamento lógico-formal, tradicionalmente denominado pensamento sistemático. Observa o sistema e reafirma sua importância prática. Mas não pode furtar-se em apontar a incompletude do sistema, suas lacunas, cláusulas gerais, antinomias, enfim, sua incapacidade de ser um sistema rígido e fechado e ainda assim responder às constantes modificações sociais e seus reflexos nos princípios e valores essenciais de determinada sociedade.[245]

A interpretação da Constituição deve fortalecer a democracia e reconhecer os valores e princípios constitucionais, principalmente os valores da dignidade da pessoa humana, considerada essa em sua acepção unicamente jurídica. A justiça constitucional em todos os países do mundo vem ganhando campo na defesa dos direitos fundamentais, com o reconhecimento de que eles devem encontrar efetividade nas cartas constitucionais. Esse é o sentido primordial da jurisprudência dos valores, que vem orientando grande parte da doutrina constitucionalista alemã.

---

[244] BARCELLOS, Ana Paula de. *Ponderação, racionalidade e atividade jurisdicional*. Rio de Janeiro: Renovar, 2005, p. 145.

[245] APARÍCIO, Márcia de Oliveira Ferreira. *Sistema e tópica na interpretação do ordenamento*. São Paulo: Manole, 2006, p. 24.

No entanto, deve-se ter em mente que a jurisprudência dos valores não é um método irreparável, pois deve somar-se aos demais métodos interpretativos, mormente ao novo pensamento sistemático, que reconhece a existência de um sistema e afirma sua importância para a descoberta final dos princípios a serem aplicados, principalmente, sob o olhar intrínseco a respeito do sistema sob exame, em tese ou em concreto.

Destarte, a única conclusão possível é de que no direito brasileiro sob qualquer forma que se interprete, o nascituro não é pessoa e muito menos poderá ser o embrião congelado, que sequer é nascituro.

BIBLIOGRAFIA

A Constituição na Visão dos Tribunais. Interpretação e julgados. Artigo por artigo. Organizada pelo Tribunal Regional Federal da 1.ª Região. Gabinete da Revista. São Paulo: Saraiva, 1997.

ALMEIDA, Silmara J. A. Chinelato e. *O nascituro no Código Civil no direito constituendo do Brasil. Revista de Informação Legislativa* n. 97, Brasília.

ALMEIDA, Silmara J. A. Chinelato e. O nascituro no código civil no direito constituendo do Brasil. *Revista de Informática Legislativa.* Brasília, n. 97.

ALVES, José Carlos Moreira. *Direito romano.* 6. ed. Rio de Janeiro: Forense, 1987.

AMAR, Ayush Morad; AMAR, Marcelo J. Ayush. *Investigação de paternidade e maternidade.* Aplicações médico-legais do DNA. 2. ed. São Paulo: Ícone, 1993.

APARÍCIO, Márcia de Oliveira Ferreira. *Sistema e tópica na interpretação do ordenamento.* São Paulo: Manole, 2006.

ÁVILA, Humberto. *Teoria dos princípios*: da definição à aplicação dos princípios jurídicos. 12. ed. São Paulo: Malheiros, 2011.

BARBOZA, Eloísa Helena. *A filiação em face da inseminação artificial e da fertilização 'in vitro'.* Rio de Janeiro: Renovar, 1993.

BARCELLOS, Ana Paula de. *Ponderação, racionalidade e atividade jurisdicional.* Rio de Janeiro: Renovar, 2005.

BARRETO, Irineu Cabral. *A convenção européia dos direitos do homem.* Lisboa: Aequitas, 1995.

BARROS, Alice Monteiro de. *A mulher e o direito do trabalho.* São Paulo: LTr, 1995.

BARROSO, Luís Roberto. *O Novo Direito Constitucional Brasileiro: contribuições para a construção teórica e prática da jurisdição constitucional no Brasil.* Belo Horizonte: Editora Fórum, 2012.

BARROSO, Luís Roberto. *Temas de Direito Constitucional.* Tomo IV. São Paulo: Renovar, 2009.

BEVILÁCQUA, Clóvis. Código Civil anotado. 7. ed. atualizada. Rio de Janeiro: Francisco Alves, 1943.

BEVILÁCQUA, Clóvis. *Direito internacional privado.* Rio de Janeiro: Ed. Rio, 1906.

BEVILÁCQUA, Clóvis. *Teoria geral do direito civil.* 2. ed. Rio de Janeiro: Francisco Alves, 1929.

BOFF, Leonardo. *Ethos mundial.* Rio de Janeiro: Sextante, 2003.

BRUNO, Aníbal. *Crimes contra a pessoa*. 5. ed. revista. Rio de Janeiro: Ed. Rio, 1979.

BRUM, Jander Maurício. *Curatela*. Rio de Janeiro: Aide, 1995.

BURDESE, Alberto. *Manuale di diritto privato romano*. 3. ed. Torino: Unione Tipográfico, 1975.

BUSSADA, Wilson. *Código Civil brasileiro interpretado pelos tribunais*. Rio de Janeiro: Liber Juris, 1982.

CAHALI, Yussef Said. *Dos alimentos*. São Paulo: RT, 1985.

CAPPELLETTI, Mauro. *Juízes legisladores?* Porto Alegre: Fabris, 1999.

CARRION, Valentin. *Comentários à Consolidação das Leis do Trabalho*. 15. ed. São Paulo: RT, 1992.

CARVALHO, Afrânio de. *Registro de imóveis*. Rio de Janeiro: Forense, 1976.

CARVALHO, João Andrades. *Tutela, curatela, guarda, visita e pátrio poder*. Rio de Janeiro: Aide, 1995.

CASABONA, Carlos María Romeo; SÁ, Maria de Fátima Freire de. *Direito Biomédico*: Espanha-Brasil. Belo Horizonte: Editora PUCMINAS, 2011.

CATALANO, Pierángelo. *Os nascituros entre o direito romano e o direito latino-americano*. Trad. do Prof. Eduardo C. Silveira Marchi, da Faculdade de Direito da USP. Revista de Direito Civil v. 45.

CEGALLA, Domingos Paschoal. *Novíssima gramática da língua portuguesa*. 31. ed. São Paulo: Ed. Nacional, 1989.

CHAVES, Antônio. *Adoção*. Belo Horizonte: Del Rey, 1995.

CHAVES, Benedita Inêz Lopes. *A tutela jurídica do nascituro*. São Paulo: LTr, 2000.

Compêndio do Vaticano II. *Coordenação Geral do Frei Frederico Vier*. 5. ed. Rio de Janeiro: Vozes, 1971.

COMPARATO, Fábio Konder. *Ética, direito, moral e religião no mundo moderno*. 2. ed. São Paulo: Cia das Letras, 2006.

CORREIA, Alexandre; SCIASCIA, Gaetano. *Direito romano*. 4. ed. São Paulo: Saraiva, 1961.

CRESCI SOBRINHO, Elicio de. *Justiça alternativa*. Porto Alegre: Sérgio Antônio Fabris, 1991.

CRETELLA JÚNIOR, J. Curso de direito romano. 8. ed. Rio de Janeiro: Forense, 1983.

CRETELLA JÚNIOR, J. *Tratado geral da desapropriação*. Rio de Janeiro: Forense, v. 1, 1980.

CUNHA, Celso. *Gramática de base*. 2. ed. Rio de Janeiro: Fename, 1981.

DAYRELL, Carlos. *Da filiação ilegítima no direito brasileiro*. Rio de Janeiro: Forense, 1983.

DANTAS, San Tiago. *Programa de direito civil*. Rio de Janeiro: Ed. Rio, 1942-1945.

DIAS, Adayl Lourenço. *Venda a descendentes*. 3. ed. Rio de Janeiro: Forense, 1985.

DIAS, Maria Berenice (Coord.). *Diversidade sexual e direito homoafetivo*. São Paulo: Ed. Revista dos Tribunais, 2011.

DIAS, Maria Berenice (Coord.). *Manual das sucessões*. 2. ed. São Paulo: Revista dos Tribunais, 2011.

DINIZ, Maria Helena. *Código Civil anotado*. 2. ed. São Paulo: Saraiva, 1996.

DOMINGUES, Douglas Gabriel. *Primeiras patentes de invenção de animal superior e a proteção legal de embriões*. Rio de Janeiro: Forense, 1989.

DULBECCO, Renato. *Os genes e o nosso futuro*. Trad. de Marlena Maria Lichaa. São Paulo: Best Seller, 1997.

DURKHEIM, Emile. *Lições de sociologia*. 2. ed. São Paulo: Edusp, 1983.

DWORDIN, Ronald. *Domínio da Vida: aborto, eutanásia e liberdades individuais*. São Paulo: Martins Fontes, 2003.

EMMERICK, Rulian. *Aborto (Des)criminalização, Direitos Humanos e Democracia:* Rio de Janeiro: Editora Lumen Juris, 2008.

ESPINOLA, Eduardo; ESPINOLA Filho, Eduardo. A Lei de Introdução ao Código Civil brasileiro. Atualizada por Silva Pacheco. 2. ed. São Paulo: Renovar, v. 1, 1995.

ESPINOLA, Eduardo. Sistema de direito civil brasileiro. 3. ed. Rio de Janeiro: Francisco Alves, v. 1, 1938.

ESPINOLA, Eduardo. Tratado de direito civil brasileiro. Rio de Janeiro: Freitas Bastos, v. X, 1939.

FÁCIL JURISPRUDÊNCIA PARA WINDOWS. 1996.

FERRARA, Francesco. *Trattato di dirritto civile italiano*. Roma: Athenaeum, 1921.

FRANÇA, R. Limongi. *Instituições de direito civil*. 4. ed. São Paulo: Saraiva, 1996.

FRANCESCHINELLI, Edmilson Villaron. *Direito de paternidade*. São Paulo: LTr, 1997.

FUSTEL DE COULANGES. *A cidade antiga*. São Paulo: Martins Fontes, 1981.

GALDINO, Elza. *Estado sem Deus*: a obrigação da laicidade na Constituição. Belo Horizonte: Del Rey, 2006.

GIORDANI, Mário Curtis. *Iniciação ao direito romano*. 3. ed. Rio de Janeiro: Lumen Juris, 1996.

GOMES, Hélio. *Medicina legal*. 21. ed. Rio de Janeiro: Freitas Bastos, 1981.

GOMES, Orlando. *Direito de família*. 7. ed. 6.ª tir. Rio de Janeiro: Forense, 1994.

GOMES, Orlando. Sucessões. 4. ed. Rio de Janeiro: Forense, 1981.

GONÇALVES, Carlos Roberto. *Direito civil brasileiro*. São Paulo: Saraiva, 2007, v. VII.

GONÇALVES, Fernando David de Melo. *Novos métodos de reprodução assistida e consequências jurídicas*. Curitiba: Juruá, 2011.

GONÇALVES, Luiz da Cunha. *Tratado de direito civil*. Em Comentário ao Código Civil Português Adaptado ao Direito Brasileiro. 2. ed. Coimbra: Max Limond, 1955.

GRASSI, Silverio. *I nascituri concepiti e i concepiti artificiali*. Tonino, 1995.

GUSTINI, Riccardo. *Das fontes às normas*. Tradução de Edson Bini. São Paulo: Quartier Latin, 2005.

HUNGRIA, Nelson. *Comentários ao Código Penal*. 4. ed. Rio de Janeiro: Forense, 1958.

JESUS, Damásio Evangelista de. *Código Penal anotado*. 2. ed. São Paulo: Saraiva, 1991.

JESUS, Damásio Evangelista de. *Direito penal*. 7. ed. São Paulo: Saraiva, 1985.

JESUS, Damásio Evangelista de. *Lei das contravenções penais anotada*. 4. ed. São Paulo: Saraiva, 1996.

LAMEGO, José. *Hermenêutica e jurisprudência*. Lisboa: Fragmentos, 1989.

LEITE, Eduardo de Oliveira. *Procriações artificiais e o direito*. São Paulo: RT, 1995.

LIMA, Celso Piedemonte de. *Genética humana*. 3. ed. São Paulo: Harbra, 1996.

LIMA, Pires de; VARELA, Antunes. *Código Civil anotado*. 4. ed. Coimbra: Coimbra, 1987.

LOBO, Abelardo Saraiva da Cunha. *Curso de direito romano*. Rio de Janeiro: Alvaro Pinto, 1931.

LOPES, Miguel Maria de Serpa. *Curso de direito civil*. Revista e atualizado pelo Professor José Serpa Santa Maria. 8. ed. Rio de Janeiro: Freitas Bastos, v. I, 1996.

MACHADO, Edgar da Mata. *Elementos de teoria geral do direito*: introdução ao direito. 4. ed. Ed. UFMG: Belo Horizonte, 1995.

MARINONI, Luiz Guilherme. *Precedentes Obrigatórios*. 2. ed. São Paulo: Revista dos Tribunais, 2011.

MARQUES, José Frederico. *Manual de direito processual civil*. Edição atualizada por Vilson Rodrigues Alves. São Paulo: Bookseller, 1997.

MATOS, Maurílio Castro de. *A criminalização do aborto em questão*. São Paulo: Edições Almedina, 2010.

MAXIMILIANO, Carlos. Direito das sucessões. Rio de Janeiro: Freitas Bastos, 1937.

MAXIMILIANO, Carlos. *Hermenêutica e aplicação do direito*. 9. ed. 2.ª tir. Rio de Janeiro: Forense, 1981.

MELLO, Celso D. de Albuquerque. *Direito internacional público*. Tratados e Convenções. 5. ed. Rio de Janeiro: Renovar, 1997.

MONTEIRO, Washington de Barros. *Curso de direito civil*. 28. ed. São Paulo: Saraiva, 1995.

MONTORO, André Franco; FARIA, Anacleto de Oliveira. *Condição jurídica do nascituro no direito brasileiro*. São Paulo: Saraiva, 1953.

MOURA, Mário de Assis. *Formulário forense*. 2. ed. São Paulo: Saraiva, 1937.

NONET, Philippe; SELZNICK, Philip. *Direito e sociedade*: a transição ao sistema jurídico responsivo. Rio de Janeiro: Revan, 2010.

NORONHA, E. Magalhães. *Direito penal*. 25. ed. São Paulo: Saraiva, 1991.

OLIVÉ, Leon. *Epistemologia na ética e nas éticas aplicadas in Bases Conceituais da Bioética: enfoque latino-americano*. Organizadores,

GARRAFA, Volei, KOTTOW, Miguel; SAADA, Alya. tradução Luciana Moreira Pudenzi, Nicolás Nymi Campanário. São Paulo: Editora Gaia, 2006.

OLIVEIRA, Arthur Vasco Itabaiana de. *Tratado de direito das sucessões*. 3. ed. Rio de Janeiro: Jacintho, 1936.

OLIVEIRA, Carlos Alberto Álvaro de; LACERDA, Galeno. *Comentários ao Código de Processo Civil*. 2. ed. Rio de Janeiro: Forense, 1991.

ORDENAÇÕES FILIPINAS. Reedição por Fac-símile de 1985 da edição feita por Cândido Mendes de Almeida em 1870. Rio de Janeiro: Fundação Galouse Gulbenkian.

PACINI, Dante. *Sínteses e hipóteses do ser humano*. Rio de Janeiro: Eldorado, 1967.

PAPALEO, Celso Cezar. *Aborto e contracepção*. Rio de Janeiro: Renovar, 1993.

PASSOS, José Joaquim Calmon de. *Comentários ao Código de Processo Civil*. 6. ed. Rio de Janeiro: Forense, v. III, 1991.

PAULA, Alexandre de. *O processo civil à luz da jurisprudência*. Rio de Janeiro: Forense, v. III, 1986.

PENNA, João Bosco. *Lesões corporais*. Leme, São Paulo: LED, 1996.

PEREIRA, Caio Mário da Silva. *Instituições de direito civil*. 7. ed. Rio de Janeiro: Forense, 1983.

PEREIRA, Lafayette Rodrigues. *Direitos de família*. 4. ed. Rio de Janeiro: Freitas Bastos, 1945.

PONTES DE Miranda, F. C. *Comentários ao Código de Processo Civil.* 4. ed. revista e aumentada, atualizada por Sérgio Bermudes. Rio de Janeiro: Forense, 1995.

PONTES DE Miranda, F. C. *Tratado de direito de família.* 3. ed. Rio de Janeiro: Max, 1947.

PONTES DE Miranda, F. C. *Tratado de direito privado.* 2. ed. Rio de Janeiro: Borsoi, 1954.

PRADO, Danda. *O que é aborto.* São Paulo: Brasiliense, 1984.

PRADO, Francisco Bertino de Almeida. *Transmissão da propriedade imóvel.* São Paulo: Saraiva, 1934.

PRATES, Tito. *Sucessão testamentária.* São Paulo: Saraiva, 1928.

REALE, Miguel. *Direito natural. Direito positivo.* São Paulo: Saraiva, 1984.

REQUIÃO, Rubens. *Do representante comercial.* 5. ed. Rio de Janeiro: Forense, 1994.

REZEK, José Francisco. *Direito internacional público.* 3. ed. São Paulo: Saraiva, 1993.

RIZZARDO, Arnaldo. *Direito de família.* Rio de Janeiro: Aide, 1993.

RODRIGUES, Francisco César Pinheiro *et al. O contrato de seguro na jurisprudência.* São Paulo: RT, 1989.

RODRIGUES, Sílvio. *Direito civil.* 26. ed. São Paulo: Saraiva, 1996.

RUGGIERO, Roberto de. *Instituições de direito civil.* Trad. da 6. ed. italiana. São Paulo: Saraiva, 1934.

SAGÜÉS, Néstor Pedro. *Introdución y comentario de la Constitución de la Nación Argentina*. 6. ed. Buenos Aires: Astrea, 1995.

SALLES, José Carlos de Moraes. *A desapropriação à luz da doutrina e da jurisprudência*. 2. ed. São Paulo: RT, 1992.

SANTOS, João Manoel de Carvalho. *Código Civil brasileiro interpretado*. 15. ed. Rio de Janeiro: Freitas Bastos, 1992.

SANTOS, Maria Celeste Cordeiro Leite dos. *Imaculada concepção*. São Paulo: Acadêmica, 1993.

SAUWEN, Regina Fiuza; HRYNIEWICZ, Severo. *O direito in vitro*. Rio de Janeiro: Lumen Juris, 1997.

SCARPARO, Mônica Sartori. *Fertilização assistida*. Rio de Janeiro: Forense, 1991.

SEMIÃO, Sérgio Abdalla. *Biodireito & Direito Concursal*: aspectos científicos do direito em geral e da natureza jurídica do embrião congelado. 2. ed. Belo Horizonte: Del Rey, 2013.

SILVA, José Afonso da. *Curso de direito constitucional positivo*. 13. ed. São Paulo: Malheiros, 1997.

SILVA. Marcelo Abdalla da. *Direito tributário didático*. Belo Horizonte: Inédita, 1996.

SILVA, Ovídio A. Baptista da. *Do processo cautelar*. Rio de Janeiro: Forense, 1996.

SINHORETTO, Jacqueline. *A justiça perto do povo*: reforma e gestão de conflitos. São Paulo: Alameda, 2011.

SIQUEIRA, Galdino. *Direito penal brasileiro*. 2. ed. Rio de Janeiro: Jacyntho, 1932.

SOUSA, Alberto R. R. Rodrigues de. Estado de necessidade. Rio de Janeiro: Forense, 1979.

STA. MARIA, José Serpa de. *Direitos da personalidade e a sistemática civil geral*. São Paulo: Julex, 1987.

THEODORO Júnior, Humberto. *Curso de direito processual civil*. 12. ed. Rio de Janeiro: Forense, 1994.

TRINDADE, KARAM André; GUBERT, Roberta Magalhães; COPETTI NETO, Alfredo (Org.). *Direito e Literatura*: discurso, imaginário e normatividade. Porto Alegre: Núria Fabris, 2010.

URIBURU, Oscar Alvarado *et al. El derecho a nacer*. Buenos Aires: Abeledo-Perrot, 1993.

VARGAS, Maricruz Gomez De La Torre. *La fecundacion in vitro y la filiacion*. Santiago de Chile: Editorial Jurídica de Chile, 1993.

VARNHAGEN, Francisco Adolfo de. *História geral do Brasil*. 9. ed. integral, Comemorativa do centenário de falecimento do autor. São Paulo: Melhoramentos, 1978.

Veloso Zeno. Testamentos. 2. ed. São Paulo: Cejup, 1993.

VIANNA, Luiz Werneck *et al. A judicialização da política e das relações sociais no Brasil*. Rio de Janeiro: Revan, 1999.

WALD, Arnoldo. *Curso de direito civil brasileiro*. 6. ed. São Paulo: RT, 1989.

WESTERMANN, Harry. *Código Civil Alemão*: Parte Geral. Tradução de Luiz Dória Furquim. Porto Alegre: Sergio Antônio Fabris Editor, 1991.

YAGÜE, Francisco Iledó. *Fecundación artificial y derecho*. Madrid: Tecnos, 1988.

ZACHARIAS, Manif; Zacharias, Elias. *Dicionário de medicina legal.* Curitiba: Universitária Champagnat, 1991.

Impresso em agosto de 2015